はじめてのハワイ語

WIKIWIKI
Hawaiian Language Guide Book

著
木村由香

ナレーション
カウマカイヴァ・カナカオレ

イラスト
園田レナ

ブックデザイン
益子俊章・佐藤夏子

ʻŌlelo Mua
著者まえがき

本書は、フラやハワイアンミュージックなどのハワイ文化に興味を持つ皆さんが、歌の意味など、身近なハワイ語をより効率的に学習出来ることを目指したハワイ語教本です。発音や文法など「ハワイ語と日本語」を比較することによって、日本語を話す私たちがハワイ語を訳す上で注意すべき点をわかりやすく解説しています。

また、基本文型とともに、例文にハワイアンソングの歌詞からの引用を多く挙げ、私たちになじみのある詩を通じて、歌などに頻繁に登場する文型を中心に、「知っておきたいハワイ語の基礎」を学習します。

また、私が様々なことに興味を持って過ごした10年間のハワイ生活を通じて学んだ「ハワイ」についても触れています。言葉とは切り離すことが出来ない歴史や文化を知ることによって、固有の表現など、ハワイ語への理解がより一層深まることでしょう。

本書には、歌やチャントを行う時に正しい発音が習得出来るよう、そして日本では歌やチャント以外で聞く機会の少ないハワイ語をより身近に感じられるよう、ハワイ語話者・チャンターであるカウマカイヴァ・カナカオレ氏による音声ガイドＣＤがついています。カウマカイヴァ氏の"生きたハワイ語"を聞きながら、一緒にハワイ語を学びましょう！

"Ua lehulehu a manomano ka ʻikena a ka Hawaiʻi."
数えきれないほどの、ハワイ人の偉大なる英知。(ハワイのことわざ ʻŌlelo Noʻeau)

ナレーター：カウマカイヴァ・カナカオレ氏からのメッセージ

Track 01

ʻAuhea ʻoukou e nā makamaka, nā hoa ʻōlelo Hawaiʻi.
Eia hoʻi wau ʻo Kaumakaiwa Kanakaʻole.
E kaʻana nei kēia wahi haʻawina ʻōlelo Hawaiʻi me ʻoukou.
I ola hoʻi ka Hāloa.

ハワイ語を学ぶ皆さん、こんにちは。
私はカウマカイヴァ・カナカオレです。
皆さんと一緒にこのハワイ語レッスンを進めていきたいと思います。
ハワイ語が次の世代へと伝わっていくことを願って･･･。

(日本語訳：著者)

もくじ 〈本編〉

著者まえがき ……………………………………………… 3
本書の使い方 ……………………………………………… 6

第一章・ハワイ語の基礎知識

レッスン1	ハワイ語とは? …………………………………… 8
レッスン2	ハワイ語とポリネシア諸語との関係 …………… 14
レッスン3	ハワイ語のスペルと発音のしかた ……………… 18

第二章・基本のパーツを理解する

レッスン1	名詞を見つける目印　名詞マーカー …………… 26
レッスン2	ハワイアンソングの頻出語　人称代名詞 ……… 32
レッスン3	「〜へ」「〜で」「〜と」小さくても大きな存在　前置詞 … 36
レッスン4	日本語に近い指示代名詞「これ」「それ」「あれ」………… 40
レッスン5	ハワイ語の所有格　OクラスとAクラス ………… 44
レッスン6	3種類の動詞を学ぶ ……………………………… 50
レッスン7	位置や方向を表す語 ……………………………… 54
レッスン8	ハワイ語特有の語形変化とは? ………………… 58
レッスン9	修飾語と被修飾語の関係 ………………………… 62

第三章・主要な文型を学ぶ

レッスン1	等式文「△△△は○○○です。」………………………… 66
レッスン2	所有を表す文「△△△は○○○を持っている。」……… 72
レッスン3	位置や存在を表す文「○○○がある。」………………… 78
レッスン4	動詞を使った文「△△△は○○○する。」……………… 82
レッスン5	時制を表す文「○○○した／している／するだろう。」… 90
レッスン6	受け身を表す文「○○○される。」……………………… 98
レッスン7	否定を表す文「○○○ではない。」……………………… 102

第四章・詩を読んでみよう

Oli Kāhea ……………………………………… 112

Oli Komo ……………………………………… 114

Ke Ao Nani …………………………………… 116

語彙索引 ………………………………………… 118

引用した曲名リスト／参考文献 ……………… 125

著者あとがき …………………………………… 126

もくじ 〈コラム〉

すぐに使える簡単な会話を覚えましょう! ……… 12

タロ芋とハワイ人 ……………………………… 17

ハワイの王族 …………………………………… 30

ハワイの8つの島 ……………………………… 35

フラスタイルの3つの分類 …………………… 39

ハワイの偉大な音楽家たち …………………… 42

知っておきたいハワイの古い地名 …………… 49

雨の名前、風の名前 …………………………… 52

神聖な5つの植物 ……………………………… 61

『Hawaiian Dictionary』を使いこなそう! …… 70

様々なチャントの種類 ………………………… 77

チャントのスタイルや技法について ………… 81

ハワイアンソングに使われる表現Ⅰ ………… 88

ハワイアンソングに使われる表現Ⅱ ………… 96

ウーニキ(卒業)という儀式 ………………… 101

本書の使い方

WIKIWIKI 00

ハワイ語学習の基本項目を表します。

wikimoani

知っておきたいハワイ語ミニ知識を表します。

上級WIKI

もっと上を目指す人のための上級文法を表します。

Track 00

* ○内の数字は、CDに収録されているトラック番号を表します。
* 本文中の色文字で示したフレーズが朗読されています。(一章と二章では緑、三章と四章では茶)

例) **ke kuahiwi**

* 歌から引用したものは、フレーズの末尾に曲名を (　) で示しています。作詞者名、作曲者名は巻末に「引用した曲名リスト」(P. 125)として掲載しました。また、曲名は、単語の語頭をすべて大文字で表記しています。

付属のCDについて

本書にはCDが1枚付属しています。このCDには、本書の**Track**⓪のマークのついているハワイ語を、カウマカイヴァ・カナカオレ氏が模範発音として発声したものを収録しています。リスニング学習や発音学習の際、本文と一緒にご利用下さい。

ただし、これは、彼の普段の発音やテンポをそのまま生かしています。そのため、一部、CDの発音とハワイ語表記に相違があるように聞こえる場合もありますが、表記と実際の発声との違いであり、誤りではありませんのでご理解下さい。合計時間:約20分

第一章 ◎ ハワイ語の基礎知識

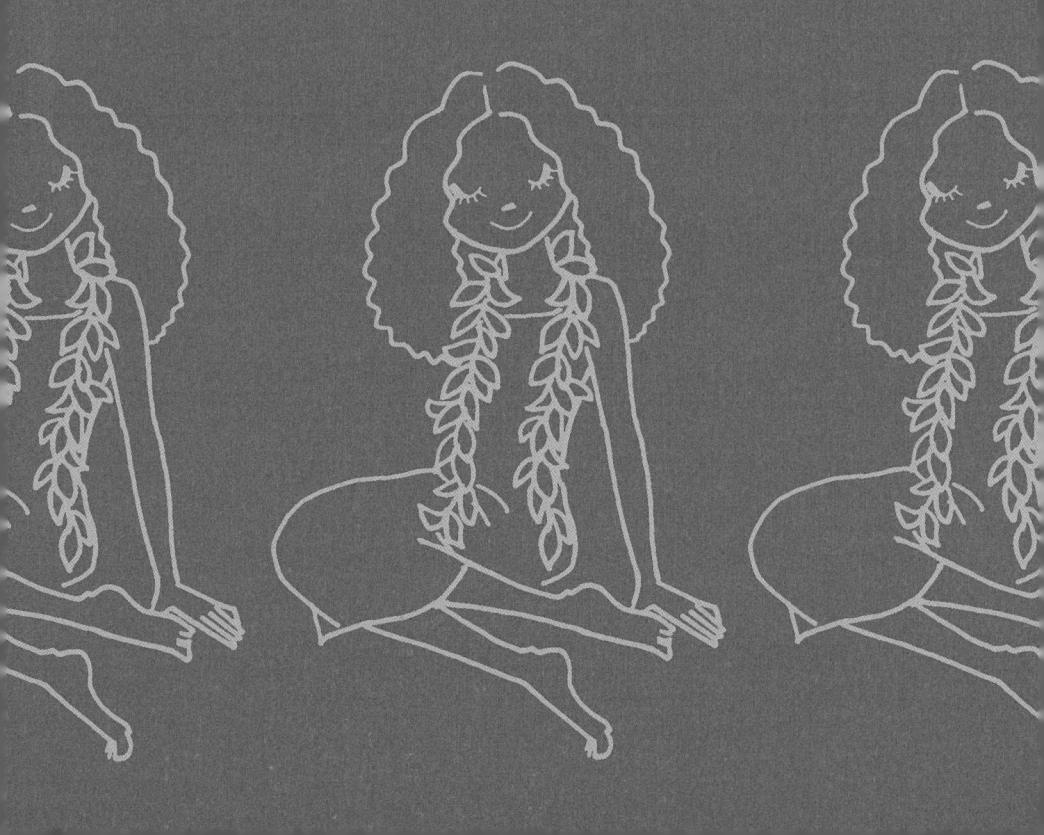

レッスン1 | ハワイ語とは？

フラのチャント（詠唱）やハワイアンミュージックを通して私たちになじみが深まりつつあるハワイ語。歌詞の中でのみ生きている印象の強いハワイ語も、1つの「言語」であり、発音や文法といったルールをもとに人々に話されている「生きた言葉」でもあるのです。1896年には学校でのハワイ語の使用が公式に禁止され、ハワイ語は消滅の危機にさらされつつありました。しかし、1970年代頃に起こったハワイアンルネッサンスと呼ばれるハワイ文芸復興運動の影響などにより、フラやハワイ文化とともにハワイ語は再び息を吹き返しました。今ではイマージョンプログラムと呼ばれる、ハワイ語のみで授業を行う学校教育も確立されています。今日、ハワイの人々の暮らしは、英語を中心に成り立っていますが、ハワイ語は1978年に州憲法会議で英語と並んでハワイ州の公用語として認定されています。アメリカ５０州の中でも、英語以外の言語が公用語として認められている州はほとんどなく、特に、先住民族が話す言葉が公用語となっているのは唯一、ハワイだけなのです。ハワイ語は公文書にも使用され、たとえば、州立大学であるハワイ大学の卒業証書は希望者にはハワイ語のものも発行されています。

WIKIWIKI 1
どんなハワイ語を知っていますか

ハワイ語は、基本的にはローマ字読みをすればほぼOK。
私たちには親近感を覚える言葉です。あなたはどれだけ知っていますか。

- アロハ **aloha** こんにちは
- マハロ **mahalo** ありがとう
- エ コモ マイ **E komo mai** ようこそ
- カーネ **kāne** 男
- ワヒネ **wahine** 女
- ウィキウィキ **wikiwiki** 急いで

WIKIWIKI 2
ハワイの地名からハワイ語を学ぼう

ハワイの地名は、日本の地名のようにその土地の特徴やいわれをもとに名づけられたものが多くあります。名前の意味を知り、かつての景色に思いを馳せるのも楽しいかもしれません。

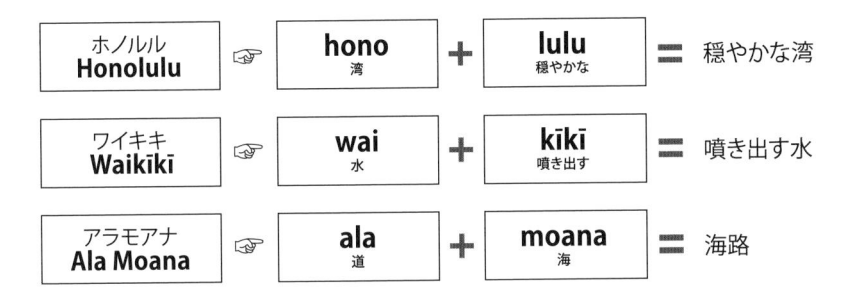

ホノルル Honolulu	☞	**hono** 湾 + **lulu** 穏やか	= 穏やかな湾
ワイキキ Waikīkī	☞	**wai** 水 + **kīkī** 噴き出す	= 噴き出す水
アラモアナ Ala Moana	☞	**ala** 道 + **moana** 海	= 海路

WIKIWIKI 3
ハワイアンネームに隠れた意味！

ハワイでは、カラーカウア王など歴史上の人物のみならず、ハワイ語の名前を持つ人がたくさんいます。ハワイ語の名前には、大きく分けてハワイ語の意味からつけられたものと、英語起源のものとがあります。

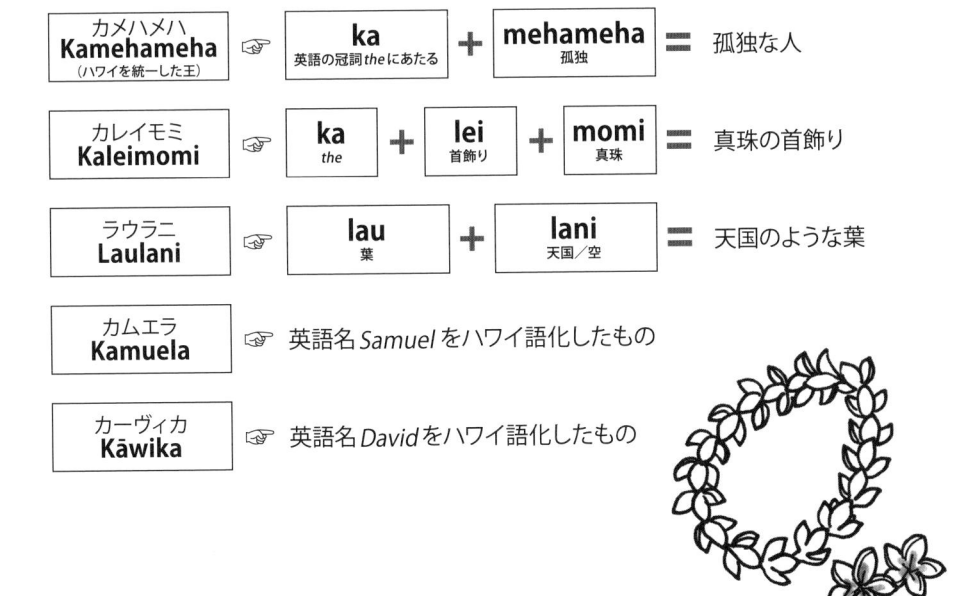

カメハメハ Kamehameha （ハワイを統一した王）	☞	**ka** 英語の冠詞theにあたる + **mehameha** 孤独	= 孤独な人
カレイモミ Kaleimomi	☞	**ka** the + **lei** 首飾り + **momi** 真珠	= 真珠の首飾り
ラウラニ Laulani	☞	**lau** 葉 + **lani** 天国／空	= 天国のような葉
カムエラ Kamuela	☞	英語名 *Samuel* をハワイ語化したもの	
カーヴィカ Kāwika	☞	英語名 *David* をハワイ語化したもの	

WIKIWIKI 4
食べ物の中のハワイ語

ハワイに行ったらぜひ食べてみたい伝統的なハワイ料理。
それぞれの料理につけられた名前の意味を知ることによって、ハワイ料理がより味わい深く、意味深いものになりそうです。さあ、次のハワイ旅行ではどれを試しますか?

ポイ
poi

蒸したタロ芋をつき砕き、水を加えてのばしたペースト状の食べ物。ハワイ人の主食であり、生命の糧。

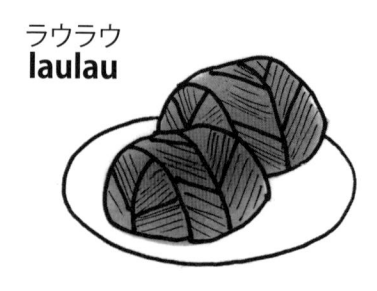

ラウラウ
laulau

laulauは、たくさんの葉(lau)で包むという意味。ハワイアンソルトで調味した肉や魚をタロ芋の葉とティーリーフ*で包み、イム(imu)と呼ばれる地中オーブンで長時間蒸し焼きにしたハワイの伝統料理。*フラのスカートにも使われる細長い葉。

ポケ
poke

pokeは、繊維に逆らって切るという意味。マグロ・カツオ・タコなどの魚介類をぶつ切りにしてハワイアンソルトや醤油などで和えたもの。ハワイでよく聞かれるポキという言い方は、英語なまり。正しくはポケ。

ハウピア
haupia

hauは冷たい、piaは葛(くず)という意味。ココナッツミルクをコーンスターチなどの澱粉で固めたプリン。かつては葛で作られたためにそう呼ばれるようになった。

WIKIWIKI 5
フラとハワイ語

フラを通じ、日本でもより身近になったハワイ語。
フラダンサーたちの普段の会話の中でも、ハワイ語がよく聞かれるようになりました。そんな私たちが慣れ親しんだフラ用語の正しいスペルを知り、レッスン3（P.18）の正しい発音を学びましょう。

hālau	フラスクール。もとは、カヌーを置く細長い建物を指した。
hōʻike	ショー。「見せる」という意味。
holokū	宣教師マザー・ハバーズが着ていた服にならって作られた、ゆったりとしたヨークと長いトレーンがついたドレス。
kāholo	4カウントのフラのステップ。英語で Vamp（ヴァンプ）とも呼ばれる。
Kalākaua	フラステップの1つ。Kāweluステップがこう呼ばれることもある。このステップは、カラーカウア王に捧げられた曲に使われ、彼の時代に流行したため、こう呼ばれるようになった。
kāwelu	フラステップの1つ。このステップを踏んだ時のダンサーの動きが、kāwelu（草の名）が風にそよぐ様子に似ていることから。
kiʻi wāwae	フラステップの1つ。「足（wāwae）で追いかける（kiʻi）」という意味がある。
muʻumuʻu	ゆったりとしたロングドレス。ヨークを切り離して（muʻumuʻu）いたことから。
pāʻū	女性用のスカート。ダンス用スカートは、正しくはpāʻū hula。

Let's カニカピラ!

「楽器を演奏する」という意味を持つkanikapilaという言葉は、もともと"Hoʻokani i ka pila"という表現が短縮されたもので、この言葉はハワイの人々の暮らしの中に「カニカピラ文化」として根づいています。親しい仲間が集まるとウクレレなど身近にある楽器を片手に即興演奏が始まり、誰からともなくフラを踊り出す。ハワイの家のバックヤードなどで日常的に繰り広げられているこんな光景がまさにカニカピラ文化なのです。おそらく、このカニカピラにあたるものが、日本では近頃"mele hula"と呼ばれていますが、言葉本来の意味は「フラを伴う詩」です。

ハワイをもっと知りたい！

すぐに使える簡単な会話を覚えましょう！

1 会話をする2人

Track 02

A: Aloha kāua! Pehea ʻoe? — こんにちは！ お元気ですか？
B: Maikaʻi nō au, mahalo. — 私はとても元気です。
　 A ʻo ʻoe? — あなたは？
A: ʻO ia mau nō. — 変わりありません。

A: ʻO wai kou inoa? — あなたの名前は何ですか？
B: ʻO <u>Moanikeʻala</u> koʻu inoa. — 私の名前は<u>モアニケアラ</u>です。
A: E komo mai! — ようこそ！

A: No hea mai ʻoe? — あなたはどちらの出身ですか？
B: No <u>Iāpana</u> mai au. — 私は<u>日本</u>から来ました。

A: Aia i hea kou ʻohana? — あなたの家族はどこにいますか。
B: Aia kuʻu ʻohana ma <u>Puʻuanahulu</u>. — 私の家族は<u>プウアナフル</u>にいます。

_____ 部分に自分の名前、自分の出身地、居住地を入れましょう。

ハワイのことわざ　ʻŌlelo Noʻeau

Ua ola nō i ka pane a ke aloha.

愛ある返答は人を生かす。
（たとえ贈り物がなくても親切なことばや心温まる挨拶は、贈り物と同じくらいに大切なものである。）

WIKIWIKI Column 1

2 お礼を言う

Track 03

Mahalo nui loa.
どうもありがとうございます。

He mea iki.
どういたしまして。

3 あやまる

Track 04

E kala mai iaʻu!
ごめんなさい。

ʻAʻole pilikia.
いいですよ。

4 立ち去る際の別れを言う

Track 05

Mālama pono.
気をつけて（ではまた）。

ʻO ʻoe pū.
あなたも。

A hui hou.
またお会いしましょう。

その他の便利な日常会話

Track 06

ʻAe. はい。	Maopopo iā ʻoe? わかりますか？	Auē nō hoʻi ē! なんてことだ！	E ʻoluʻolu ʻoe. どうぞ（よろしく）。
ʻAʻole. いいえ。	ʻAe, maopopo iaʻu. はい、わかりました。	Hiki nō? いいですか？	ʻO ia paha. そうかもね。
Aloha nō. こんにちは。	ʻAʻole maopopo iaʻu. いいえ、わかりません。	Hana hou! アンコール（もう一度）！	No ke aha? なぜ？

レッスン2　ハワイ語とポリネシア諸語との関係

　ハワイ語は「ポリネシア語族」というグループに属し、タヒチ語・マオリ語（ニュージーランド）・マルケサス語・トンガ語・サモア語などもこの語族に属しています。「ポリネシア」は「多くの島々」を意味し、これらの言語はポリネシアン・トライアングル（ポリネシア大三角形）と呼ばれる、ハワイ・ニュージーランド・イースター島を結ぶ広大な地域に、文字通り「多く」点在する「島々」で話されています。この地域では、もともとポリネシア祖語（Proto-Polynesian：PPN）という共通の言語があったと仮定され、そこから50以上の言語が派生したと考えられています。たとえば、ニュージーランドはハワイから約7,000kmも離れていますが、ハワイ語とマオリ語は伝わった順序が近く、共通点が多く見られます。このことから、距離を越えて言葉や文化を伝えたポリネシア人の壮大な航海の歴史も垣間見ることが出来ます。

WIKIWIKI 6
巨大な三角形で結ばれているハワイと太平洋の島々

太古の昔、カヌーによる大航海によって言葉や文化も伝えたポリネシア人。ポリネシアン・トライアングルの中央付近に位置するマルケサス諸島から、「三角形」のそれぞれの「角」に位置するハワイ・ニュージーランド・イースター島方面に向かって人々が移動したと考えられています。

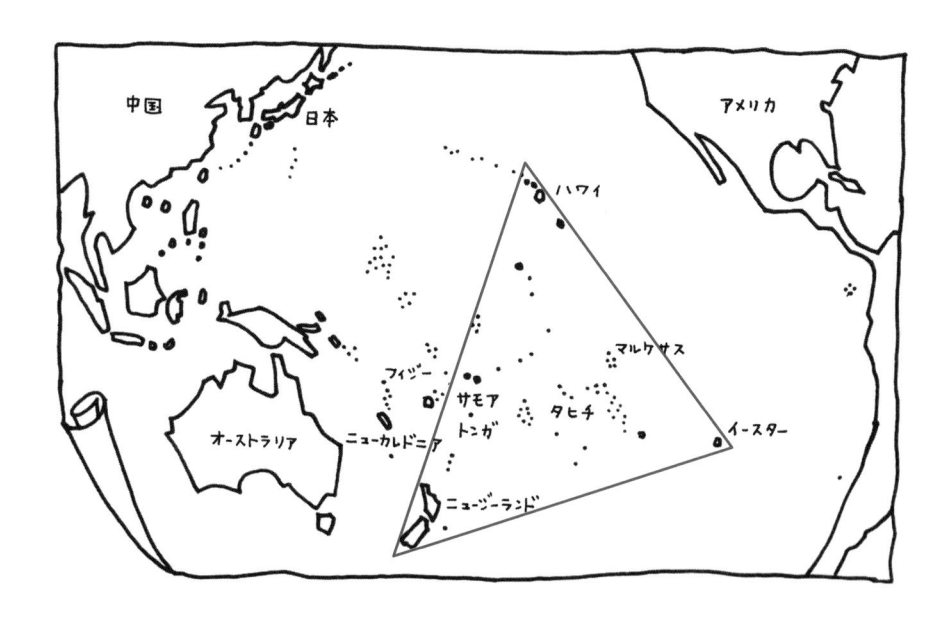

WIKIWIKI 7
こんなに似ている、ポリネシアの言葉

ポリネシアの島々は言語のみならず、踊りや武芸、風習などの文化にも多くの共通点を持ち、言葉と文化の密接な関係がうかがえます。たとえば、タヒチアンダンスとハワイのフラがどこか似ていると感じるのはそのためです。

		ハワイ語	タヒチ語	マオリ語 (ニュージーランド)
鳥		manu	manu	manu
カヌー		waʻa	vaʻa	waka
手		lima	rima	ringa*
家		hale	fare	whare*
夜		pō	pō	pō
雨		ua	ua	ua
海		moana	moana	moana
空		lani	raʻi	rangi
男		kāne	tāne	tāne
女		wahine	vahine	wahine

＊マオリ語のngは[ŋ]、whは[f]と発音します。

WIKIWIKI 8

ハワイ語、タヒチ語、マオリ語で、数の数え方を比べてみると…

もともと同じ生活圏内にいた人々が、ポリネシアン・トライアングル内の方々に散らばっていった軌跡は、数の数え方にもうかがい知ることが出来ます。

数	ハワイ語	タヒチ語	マオリ語 (ニュージーランド)
1	kahi	hōʻē (tahi)	tahi
2	lua	piti (rua)	rua
3	kolu	toru	toru
4	hā	maha	whā
5	lima	pae	rima
6	ono	ono	ono
7	hiku	hitu	whitu
8	walu	vaʻu	waru
9	iwa	iva	iwa
10	ʻumi	ʻahuru	tekau / ngahuru

wikimoani タブーになったタヒチ語

タヒチ語の単語に他のポリネシアの言語と大きな違いが見られるのは、タヒチ(フランス領ポリネシア)では首長の名前などに使われた単語は、piʻi(ピッイ)という禁令制度によりその語はタブー化し、使用を禁じられ、代わりの語が用いられたためです。

| tū
立つ | (ハワイ語kū「立つ」と同語源)
タブーとなったため、「立つ」を意味する語にはまったく異なる語が採用された。 | ☞ | tiʻa |

| fētū
星 | (ハワイ語hōkū「星」と同語源)
tūがタブーとなったため、この語幹を含むfētūもタブーとなり、tūの部分が変更された。 | ☞ | fētiʻa |

wikimoani ハワイ語の10 (ʻumi)の話

タヒチ語で10を表すʻahuruやマオリ語のngahuruが似ているのに比べ、ハワイ語のʻumiはまったく異なっていますが、ハワイ語には「10日間」を意味するanahuluという語があり、この語はタヒチ語のʻahuruやマオリ語のngahuruと同語源であるといわれています。

タロ芋とハワイ人

ハワイ人にとって主食であるタロ芋はハワイ語で**kalo**と呼ばれ、タロ芋をふかしペースト状にしたポイという食べ物はハワイアン・フードには欠かせません。しかし、ハワイ人にとってタロ芋は主食である以上にとても大切で不可欠な存在とされています。ハワイには、その考えの根幹となる、次のような神話があります。

　ワーケア（天空神＝父なる天）とパパ（地母神＝母なる大地）は、カウアイ、ニイハウ、マウイなど、多くの子ども（島）を授かりました。
　やがてワーケアは、パパとの間に生まれた娘であるホオホークーカラニとの間に子どもをもうけます。第一子として生まれた息子はハーロアナカラウカパリリと名づけられましたが、死産であったためワーケアの家のそばに葬られました。やがて、そこから最初のタロ芋が芽を出したのです。
　その後、ワーケアとホオホークーカラニの間には第二子が誕生しました。この子は兄であるハーロアナカラウカパリリの名にちなみ、ハーロアと命名されました。このハーロアがすべてのハワイ人の祖先となりました。

タロ芋として芽吹いた第一子のハーロアナカラウカパリリと、ハワイ人の祖先となったハーロアが兄弟であることから、ハワイ人はタロ芋を自分たちの兄弟であると考えています。**Hāloa**とは「長い茎」という意味の他に「長い息」「長い生命」という意味があり、また、ハワイ人にとって主食でもあるタロ芋は、自分たちを養ってくれるまさに「命の糧」なのです。その糧をもたらしてくれる大地を慈しみ、耕すということが、すなわち兄弟を敬うことにつながります。その考えは**aloha ʻāina**（土地を愛する）や**mālama ʻāina**（土地を慈しむ）という概念として現代にも息づいています。

ハワイのことわざ ʻŌlelo Noʻeau

Mai hoʻomāuna i ka ʻai o huli mai auaneʻi ʻo Hāloa e nānā.

食べ物を粗末にすると、ハーロアがじっと見つめる。
（食べ物を粗末にするとタロ芋の神ハーロアの怒りを買い、飢えに苦しむことになる。）

レッスン3 　ハワイ語のスペルと発音のしかた

本来、書き言葉を持たなかったハワイの島々では、話し言葉や伝承によって祖先から伝わる神話、伝説、歴史または家系など様々なことが伝えられてきました。ハワイのチャント（詠唱）はその主な例です。やがて、西洋との接触が始まり、ハワイ人の話す言葉はキリスト教宣教師によって文字化され、改良が重ねられた結果、現在のように表記されるようになったのです。ハワイ語の特徴は、日本語が「ん」を除いてどの子音も必ず母音が後に来るのと同じで、子音の後には必ず母音が来るという点。つまり、母音同士が続くことがあっても、子音同士が続くことはないのです。子音が連続したり、日本語にはない音が多い英語などに比べて、私たちがハワイ語を発音しやすいのはこのためです。この特徴は、ハワイで話されるハワイアン・クレオール英語＊にも影響し、アメリカ本土の英語と比べ、ハワイの英語は母音がよりハッキリと発音されるといわれています。

WIKIWIKI 9
ハワイ語で使われる13のアルファベット

ハワイ語は、5つの母音と、8つの子音で表記されます。母音が続くことや母音で終わる語はあっても、子音同士が続いたり、子音で終わる語はありません。

| 母音 | a e i o u | 子音 | h k l m n p w ʻ |

WIKIWIKI 10
5つの母音について

ハワイ語の母音は a, e, i, o, u という5つから成ります。日本語の「ア、イ、ウ、エ、オ」と似ていますが、ハワイ語はあくまでも外国語。特にOとUの発音に注意しましょう。

Track 07

a ☞ 日本語の「ア」と同じように発音する。
e ☞ 日本語の「エ」よりも唇を横に引いて発音する。
i ☞ 日本語の「イ」よりも唇を横に引いて発音する。
o ☞ 日本語の「オ」よりも少し唇を丸めて「オ」と発音する。
u ☞ 日本語の「ウ」よりも唇を丸め、少しとがらせて発音する。

＊通称"ピジン・イングリッシュ"と呼ばれる、ハワイで話される英語。ハワイ先住民族の話すハワイ語と、様々な理由でハワイにやってきた人々が話していた言語（たとえば中国語・日本語・他のポリネシア諸語など）が英語と接触して生まれた、ハワイ独自の混成英語。

WIKIWIKI 11
母音のバリエーション1「カハコー」

ハワイ語の母音には、母音を長くのばす長母音があり、kahakō（カハコー）と呼ばれる長音記号「 ̄」をつけて母音と区別します。

Track 08

ā ☞ 日本語の「アー」のように発音する。
ē ☞ 日本語の「エー」よりも唇を横に引いて発音する。
ī ☞ 日本語の「イー」よりも唇を横に引いて発音する。
ō ☞ 日本語の「オー」よりも唇を丸めて発音する。
ū ☞ 日本語の「ウー」よりも唇を丸め、少しとがらせて発音する。

カハコーがつかない語とつく語の比較					
kahiko 古典の	vs	kāhiko 着飾る	kena のどの渇きを癒す	vs	kēnā その
pipi ハワイの真珠貝	vs	pipī キラキラ輝く	lolo 脳	vs	lōlō 愚かな
			Hoku 満月	vs	hōkū 星

WIKIWIKI 12
母音のバリエーション2「二重母音」

二重母音とは、"1つの音節の中に、異なる2つの母音があるもの"をいいます。ハワイ語の二重母音は英語などのそれと比べ、2番めに来る音もよりはっきりと発音されます。たとえば、私たちがhou（ホウ）と発音する時、u（ウ）の音がハワイ語ほどはっきりと発音されないため、hō（ホー）に近い音に聞こえてしまうことがありますが、WIKIWIKI 10 にならって、uの音は、唇を丸めてはっきりと聞こえるように発音しましょう。

Track 09

ae ☞ カタカナ読みの「アェ」に近い。
ai ☞ カタカナ読みの「アィ」に近い。
ao ☞ カタカナ読みの「アォ」に近いが、2音めのoは、唇を丸める。
au ☞ カタカナ読みの「アゥ」に近いが、aoと同様に2音めのuは、唇を丸める。
ei ☞ カタカナ読みの「エィ」に近いが、ēとならないよう、iをはっきりと発音する。
eu ☞ カタカナ読みの「エゥ」に近いが、2音めのuは、はっきりと発音する。
iu ☞ カタカナ読みの「イゥ」に近い。
oi ☞ カタカナ読みの「オィ」に近いが、2音めのiは、はっきりと発音する。
ou ☞ カタカナ読みの「オゥ」に近いが、ōとならないよう、uをはっきりと発音する。

二重母音を使った単語の例			
wāwae 脚	Hawai'i ハワイ	Keaomelemele 人名	
mauna 山	keiki 子ども	meheu 足あと	Ka'iulani 人名	poi ポイ	Nounou 地名

WIKIWIKI 13
8つの子音

ハワイ語の子音は、h, k, l, m, n, p, w, ' の8つの音があり、'(オキナ)も子音の1つとして数えられます。

Track 10　8つの子音

h	k	l	m	n	p	w	'
(hē)	(kē)	(lā)	(mū)	(nū)	(pī)	(wē)	('okina)

Track 11　子音表

子音	音節	説明
h [h]	ha, he, hi, ho, hu	日本語の「ハ」行の子音に似た音。ただし、[hu]と発音する場合は、両唇をつぼめず、離して発音する。 → WIKIWIKI 14 P.21
k [k]	ka, ke, ki, ko, ku	日本語の「カ」行と同じように発音する。
l [l]	la, le, li, lo, lu	日本語の「ラ」行の子音に似た音。舌先を上の歯茎につけ、息を舌の両側面から出して発音する。英語のLのように発音する。
m [m]	ma, me, mi, mo, mu	日本語の「マ」行と同じように発音する。
n [n]	na, ne, ni, no, nu	日本語の「ナ」行と同じように発音する。
p [p]	pa, pe, pi, po, pu	日本語の「パ」行と同じように発音する。
w [w] [v]	[w] wa [v] wa, we, wi, wo	日本語の「ワ」行と同じように発音する。英語のVのように発音される場合もある。
' [ʔ]	'okina	日本語の小さい「ッ」に似た音。声門を閉鎖させて発音する。

wikimoani　'uehe? それとも、'uwehe?

フラのステップ名'ueheは'uweheとも表記されていましたが、このwは、uからeに移行する際に必ず生じる音(半母音)であるため、現在の表記は'ueheで統一されています。

WIKIWIKI 14
私たちが苦手な発音、HuとL

日本語の「フ」の音は、子音は両唇摩擦音[Φ]と呼ばれ、ｆｕに近い音になります。これは、蝋燭を「フッ」と吹き消す時の音で、両唇を接近させて発音します。これに対し、ハワイ語はあくまでｈｕであるため、唇を摩擦させず、上下の唇を離した状態で発音します。

ハワイ語のLも、英語のLのように発音するため、WIKIWIKI ⓭ で学んだように、Rの音にならないように気をつけましょう。この２つの子音が含まれるhulaという言葉は、カタカナ読みをするとfuraと聞こえてしまい、私たちには発音しづらい単語なのです。

Track 12

hula フラ   **ihu** 鼻   **Oʻahu** オアフ島   **huli** 振り返る

wikimoani ハワイ語のＴとＫの話

このレッスンで学んだように、現在、ハワイ語の子音表記にTはありません。しかし、実際には「tūtū（トゥートゥー＝おばあちゃん）」のように、ネイティブスピーカーの間では主にTで発音される単語があったり（辞書上の表記はkūkū）、歌やチャント（詠唱）を聞くと、Tの音が聞こえたりすることがあります。この理由は、TとKの音は当初、ハワイ語でも同じ音素のバラエティー（異音）として扱われていたため、文字化されるにあたって本来Tに近い音で発音されていたものまでもがKの表記に集約されてしまったという経緯があるためです。集約される前の時代の記録にはカメハメハ大王の名前を、現在と同じＫamehamehaと記したものの他にTamehamehaと書かれたものなどもあったようです。

個人の所有地となり、他の島に比べ外部との接触が限られていたニイハウ島や、ニイハウ島出身者が多く暮らすカウアイ島の一部（古いハワイ語を話すといわれる地域）では、現在もTの音が残っており、特に、ニイハウ島では、１つの単語にKの音が２度ある場合、２つめのkがtに変わる傾向が見られます（例：kahakai → kahatai／kākou → kātou）。また、熟練のチャンター（詠唱者）の中には、両方を取り入れてチャントをすることがあります。ＣＤの歌詞カード上の表記にはないTの音が実際のチャントでは聞かれることがあるのはこのためです。本書付属の音声ＣＤでも、チャンターがTとKの両方の音を発音しているチャントがあるので、注意して聞いてみましょう。

第一章◎ハワイ語の基礎知識

WIKIWIKI 15

小さいけれど、実はとても大きな存在のオキナとカハコー

オキナ(ʻ)やカハコー(ˉ)がつくものとつかないものでは、発音や意味がまったく異なります。特に、オキナがつくところはしっかりと音を切り、オキナがつかないところで音を切ってしまわないように気をつけましょう。

Track 13

ʻae 肯定の「はい」	vs	aʻe 上の方へ
uliuli 濃い青色	vs	ʻulīʻulī フラに使われる道具
mūmū 無言の	vs	muʻumuʻu ドレス
kai 海	vs	kaʻi 導く/入場の踊り
onaona 香りのよい	vs	ʻonaʻona 目がくらんだ/ふらふらした

ke ala 道	vs	ke ʻala 香り
mai こちらへ	vs	maʻi 病気の
pau 終わり	vs	pāʻū スカート
hoi 興味深い	vs	hoʻi 帰る/退場の踊り

wikimoani オキナがない場所は音を切らない！

私たちが注意すべき点は、「オキナがない場所にはオキナを入れないこと！」です。ハワイ語の文章は、英語のように単語と単語の間にスペースを入れて表記するため、それを読む時に、その「スペース」を意識してしまい、単語と単語の間を切って発音しがちになります。それはネイティブ・スピーカーには不要な場所にオキナが入っているように聞こえてしまいます。
Track 13 のke alaは、keとalaのスペースにとらわれず、kealaとつなげて発音するよう意識するとよいでしょう。

wikimoani 語頭に来るオキナの発音は？

ハワイ語の単語には、一番最初にオキナ(ʻ)の音が来るものがあります。その語を単独で発音する場合、語頭にあるオキナの音を発音することは難しく、オキナがない場合との発音の区別（alaとʻalaなど）は難しいのですが、オキナが語頭に来る語の前に、他の語が来ると、「語頭のオキナ」の音がはっきりと発音されます。オキナの有無を含む、正しい単語のスペルと発音を覚えましょう。

WIKIWIKI 16
単語のストレスについて

ストレスは、「他の音節よりも強勢をつけて発音すること」をいい、ハワイ語では、3音節までの単語のストレスのルールを、次の3つに整理することが出来ます。4音節以上の単語については、様々なパターンがあるため、定義づけはされていません。

Track 14

ルール1　後ろから2番めの音節にストレスを！

ただし、2音節しかない単語の場合、後ろから2番め、すなわち、最初の音節にストレスを置きます。

wah_i_ne　女　　　kup_u_na　年長者　　　P_e_le　火の女神ペレ

Track 15

ルール2　カハコー（長母音）にストレスを！

ただし、2つ以上カハコーがある場合は、最後のカハコーにストレスを置きます。

k_ā_ne　男　　　mō_ʻī_　王　　　l_ā_　太陽

Track 16

ルール3　二重母音にストレスを！

WIKIWIKI 12 で学んだ二重母音が含まれる語には、その音節にストレスを置きます。

Haw_ai_ʻi　ハワイ　　　k_ei_ki　子ども　　　p_oi_　ポイ

英語の中に浸透したハワイ語

ハワイでは、aloha（こんにちは、さようなら、愛してます）、mahalo（ありがとう）、kōkua（手伝う）、kamaʻāina（地元民）、ʻono（おいしい）、keiki（子ども）、ʻohana（家族）など、ハワイ語を話さない人々の間でも広く知られているハワイ語がたくさんあり、それらはハワイの人々の会話や、英字新聞、テレビやラジオのニュースなどで使われています。そんなハワイ語も、かつては、カハコーやオキナを使った正しい表記がなされていないことが多かったのですが、近年、現地の英字新聞やハワイ語の通りの名前が記された街の道路標識（カラーカウア大通りKalakaua Ave. → Kalākaua Ave.）などでも、正しいスペルで表記しようという動きが高まってきています。

WIKIWIKI 17
文のイントネーションについて

イントネーションとは、「句や文章を発声する時に文節の区切りや文末に見られる抑揚」をいいます。書き言葉では表すことの出来ないイントネーションは、話し手の感情や態度が表現されます。本書付属の音声ガイドにならい、よりハワイ語らしく発音してみましょう。

Track 17

ルール1　平叙文

基本的には、その文の中で最も重要な部分、強調したい部分に強勢を置いて示します。

　　　　過去形　　行く　　あなた　〜へ　　カホオラヴェ島
　　　　Ua hele ʻoe i Kahoʻolawe.

訳）あなたはカホオラヴェ島へ行きました。

Track 18

ルール2　疑問文

ハワイ語の疑問文は、文末が下がります。
より正確には、文末の手前でいったん上がり調子にしてから下げます。

　　　　過去形　　行く　　あなた　〜へ　　カホオラヴェ島
　　　　Ua hele ʻoe i Kahoʻolawe?

訳）あなたはカホオラヴェ島へ行きましたか。

第二章 ◎ 基本のパーツを理解する

レッスン1　ka ／ ke ／ nā ／ he ／ 'o
名詞を見つける目印　名詞マーカー

ハワイ語で一番多くの語彙を掲載する『Hawaiian Dictionary』(University of Hawai'i Press)の語数は約3万語。日本語の小型辞典でも掲載語数が約6～8万語なので、ハワイ語の語数が格段に少ないことがわかります。そのため、ハワイ語は、同じ語が複数の意味を持ったり、品詞を変えたりと、多様な機能を持つことが特徴です。そこで、文章を理解していく上で、各単語の役割を正しく理解することが重要になります。ここでは、まず名詞を見分ける際の目印となる「名詞マーカー」について学習します。文章の中で、どれが名詞なのかを把握することによって、主語や目的語になりうる単語を見いだすコツをつかみましょう。

WIKIWIKI 18
5つの名詞マーカー ka ／ ke ／ nā ／ he ／ 'o

「名詞マーカー」とは、名詞の前に置かれ、"この直後に来るのは名詞"と知らせる目印(マーカー)です。ここではよく使われる5つの名詞マーカーを学びます。

1）普通名詞を見分ける
普通名詞の前には、名詞マーカーがつく。

①	**ka**（定冠詞*） + 単数の普通名詞	☞	**ka pua**	花
②	**ke**（定冠詞） + 単数の普通名詞	☞	**ke kula**	学校
③	**nā**（定冠詞） + 複数の普通名詞	☞	**nā pua**	花々
④	**he**（不定冠詞） + 単数の普通名詞	☞	**he pua**	（不特定の）ある花

2）固有名詞を見分ける

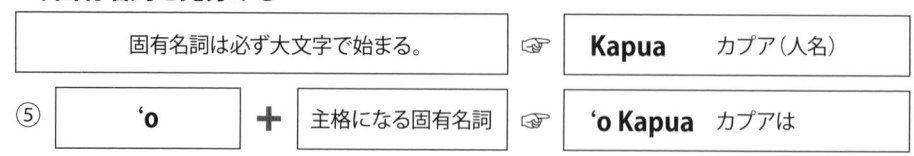

	固有名詞は必ず大文字で始まる。	☞	**Kapua**	カプア（人名）
⑤	**'o** + 主格になる固有名詞	☞	**'o Kapua**	カプアは

＊定冠詞は、名詞の前に置かれ、その名詞が特定のもの、または一般的なものであることを示します。ハワイ語の定冠詞は、あえて「その」と訳す必要はありません。

WIKIWIKI 19
定冠詞 ke

k、e、a、oのいずれかの文字で始まる普通名詞単数の直前に、keがつきます。

Track 19

ke aloha　**ke one**　**ke kuahiwi**　**ke ea**
愛　　　　砂　　　　山　　　　　空気

名詞マーカーではない ke

Keが文頭に来て、その次に動詞、そしてneiが続くパターンではないかを確認しましょう。これは「ke 動詞 nei」という時制を表す動詞マーカーで、名詞マーカーのkeではありません。
→ WIKIWIKI 58 P.91

WIKIWIKI 20
定冠詞 ka

k、e、a、o 以外で始まるすべての単数普通名詞の直前に、kaがつきます。
ただし、いくつかの例外があるので気をつけましょう。→ wikimoani

Track 20

ka lei　**ka ʻāina**　**ka wai**
レイ　　　　土地　　　　水

ka ではなく、ke がつく例外の単語

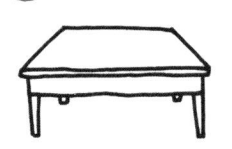

ke pākaukau　**ke ʻala**　**ke ʻano**　**ke poʻo**
テーブル　　　　香り　　　　性質　　　　頭

特殊な単語例

mele
歌
☞

ke mele　　　**ka mele**
1曲の歌　　　　歌全般

WIKIWIKI 21

定冠詞（複数）nā

名詞が複数形の場合は、どの音で始まる単語であっても、ka や ke の代わりに nā が普通名詞の直前につきます。

Track 21

nā mamo* 　　　**nā aliʻi**
鳥たち（ミツスイ科の鳥）　　首長たち

＊mamoという語には、「クロハワイミツスイ」という鳥の名前の他に、「子ども」「子孫」「末裔」という意味があります。「mamo o …」で「…の子孫」と訳します。

wikimoani 単語そのものの形で表す複数形

ハワイ語には、母音の長短で単数と複数を区別する語があります。
長母音が複数を表し、冠詞はnāを用います。

単数		複数
ka haumana 生徒	☞	nā haumāna 生徒たち
ke kaikamahine 女の子	☞	nā kaikamāhine 女の子たち
ke kanaka 人	☞	nā kānaka 人々
ke kupuna 老人	☞	nā kūpuna 老人たち
ka wahine 女性	☞	nā wāhine 女性たち

単語そのものが複数の意味を含む語があります。その場合、単数形の冠詞ke、kaを用います。

ka poʻe 　　　**ka lehulehu** 　　　**ka lāhui**
人々　　　　　　人々　　　　　　　民族（国民）

WIKIWIKI 22

不定冠詞 he

不定冠詞heは、文字通り"特定されていないもの"を指す場合に使われます。主に文頭に来るという特徴があります。→ WIKIWIKI 47 P.67

wikimoani 所有を表すhe

所有を表す場合にもheが使われます。→ WIKIWIKI 48 P.72

WIKIWIKI 23

固有名詞の目印 ʻo

英語と同様に、アルファベットで表記されるハワイ語は、人名、地名、物の名前など、固有名詞の頭文字は大文字で書き、普通名詞と区別します。また、ʻO等式文などでは、主語にあたる語の直前に、「主語マーカー」と呼ばれる ʻoが先行します。→ WIKIWIKI ㊻.66

Track 22

ʻo Kāwika   ʻo Uʻilani

wikimoani 'OとOの違いに要注意!

固有名詞の前には、オキナのつかない o が来る場合もあります。
これは「〜の」(英語の of にあたる)という意味になるので注意しましょう。

島 Ka mokupuni ʻo Hawaiʻi	vs	Nā mokupuni o Hawaiʻi
ハワイ島(ハワイという名の島)		ハワイ諸島(ハワイの島々)

練習問題

A ◆ 単語にkaあるいはkeのどちらか正しい定冠詞をつけましょう。

❶ ____ ʻōlapa　ダンサー　　❻ ____ wahine　女性
❷ ____ makani　風　　　　　❼ ____ alakaʻi　指導者
❸ ____ kāne　男性　　　　　❽ ____ inoa　名前
❹ ____ hōʻike　ショー　　　　❾ ____ ʻāina　土地
❺ ____ kino　体　　　　　　 ❿ ____ hālau　フラスクール

B ◆ 日本語をハワイ語にし、それぞれにka、ke、nāの中から、適切な定冠詞をつけましょう。

❶ 子ども _____　❻ 愛 _____
❷ 先生 _____　　❼ 山々 _____
❸ 海 _____　　　❽ 生徒たち _____
❹ 人々 _____　　❾ 山 _____
❺ 雨 _____　　　❿ チャント _____

解答

A) ❶ ka ❷ ka ❸ ke ❹ ka ❺ ke ❻ ka ❼ ke ❽ ka ❾ ka ❿ ka
B) ❶ ke keiki ❷ ke kumu ❸ ke kai ❹ nā kanaka (nā kānaka) ❺ ka ua ❻ ke aloha ❼ nā kuahiwi (nā mauna)
❽ nā haumana (nā haumāna) ❾ ke kuahiwi (ke mauna) ❿ ke oli

ハワイをもっと知りたい！

ハワイの王族

Track 23

Kamehameha (Kamehameha Nui)
カメハメハ1世（大王）
1753? – 1819

1810年にハワイ王国を建国した最初の王。アリイ・ヌイと呼ばれる大首長たちが各島を統治していたハワイ諸島を統一した王として知られる。幼少期の名前はパイエア **Paiʻea**。当時のハワイ人は長身が多く、カメハメハ大王も2m近くあったといわれる。生涯を通じ多くの妻を持つが、中でもカアフマヌを最も愛していた。

Kaʻahumanu
カアフマヌ女王
1773? – 1832

カメハメハ大王「最愛の妻」として知られる。行政執行権を王と二分するクヒナ・ヌイ（首相）という地位を最初に得たことでも知られる。「女性と子どもは男性と別々に食事を取る」などの食事に関する様々なカプ（禁令制度）や、偶像崇拝を撤廃し、キリスト教の布教を促進した。キリスト教に傾倒したカアフマヌは、1830年に公共の場所でのフラやチャントなどの禁止を布告。長身で180cm以上あったといわれる。

Liholiho (ʻIolani) (Kamehameha IV)
アレキサンダー・リホリホ（カメハメハ4世）
1834 – 1863

カメハメハ1世（大王）の孫。おじにあたるカメハメハ3世の養子となり、将来、王になることを命じられ、幼少時より教育を受ける。アリイ イオラニの名でも知られ、ホノルルのイオラニ宮殿は、「ハレ アリイ」と呼ばれていた宮殿が、リホリホの死後、そのハワイアンネームにちなんで改名されたもの。

ʻEmalani (Queen Emma)
エマラニ（エマ）王女
1836 – 1885

乗馬好きであったため、「ワヒネ ホロリオ（乗馬をする女性）」とも呼ばれた。アレキサンダー・リホリホと結婚し、アルバート王子をもうけるが、王子は4歳で夭折し、その翌年に29歳の若さでリホリホ王が他界する。王子の死後、エマ王女はカレレオカラニ（王の旅立ち）という名を夫から授かり、さらに夫が亡くなった後、複数形を表すカレレオナーラニ（王たちの旅立ち）に改名。**Nā Hala O Naue** は、王女を称えた歌。

ハワイのことわざ ʻŌlelo Noʻeau

Ua mau ke ea o ka ʻāina i ka pono.

領土の主権は正義のもとに不滅である。〔ハワイ王国（現在はハワイ州）のモットー〕

WIKIWIKI Column 3

Kapiʻolani
カピオラニ王妃
1834 – 1899

カウアイ島の大首長カウムアリイの孫。カラーカウア王の妃。カピオラニ公園はカラーカウア王により王妃の名にちなんでつけられた。ハワイ人存続と、ハワイ人女性と新生児の擁護を目的に、医療施設を設立する。カラーカウア王のために Ka Ipo Lei Manu を作るが、王はこの曲を聞かないまま、旅先のサンフランシスコで亡くなった。"Kūlia i ka nuʻu.（最高を目指す。）"が王妃のモットー。

Kalākaua
カラーカウア王
1836 – 1891

メリー・モナーク（陽気な君主）のニックネームでも知られる、ハワイ王国最後の王。ハワイ王国の存続のためには、ハワイ人の文化的、精神的な活性化が不可欠であると考え、フラやチャントなどの永続に寄与した。1883年に行われた王の戴冠式では、式典のプログラムにフラとチャントが組み込まれた。ハワイ王国国歌（ハワイ州歌）Hawaiʻi Ponoʻī、Koni Au I Ka Wai など多くの曲を残す。"Hula is the language of the heart; therefore, the heart of the Hawaiian people.（フラは心のことばであり、すなわちハワイ人の心の鼓動である。）"ということばが有名。

Liliʻuokalani
リリウオカラニ女王
1838 – 1917

Liliʻu とは、「ヒリヒリする目の痛み」という意味。リリウオカラニ誕生の時、大おばキナウが目の痛みを患っていたことからといわれる。カラーカウア王の妹。妹リケリケと弟レレイオーホクとともに、4人は「ナー ラニ エハー（ハワイ王室の偉大なる4人の音楽家）」と呼ばれ、数多くの楽曲を後世に遺した。代表曲は Aloha ʻOe、Kuʻu Pua I Paoakalani。"ʻOnipaʻa.（しっかりと立つ。）"という彼女のモットーは、「確固たる意志を持って地にしっかりと足をつけて立つ」という意味があり、彼女の生き方を示している。

Likelike
リケリケ女王
1851 – 1887

カラーカウア王とリリウオカラニ女王の妹。カイウラニ王女の母。きょうだいは皆ホノルルで育ったが、リケリケは幼少期をハワイ島コナで過ごす。代表曲に、ʻĀinahau、Kuʻu Ipo I Ka Heʻe Puʻe One などがある。1878〜1880年まで、ハワイ島の総督を務め、ハワイ島を描いた曲 Maikaʻi Waipiʻo は愛娘カイウラニが最も好んだ楽曲であった。

Leleiōhoku
レレイオーホク
1854 – 1877

カラーカウア王4きょうだいの末弟。「満月の夜の旅立ち」を意味する名前は、ハーナイ（養子）となったカメハメハ3世の名を授けられたもので、彼の葬儀が行われた満月の夜に由来する。外国人との交流が多かったため、民族音楽の影響を受ける。代表曲は Adios Kealoha、Hole Waimea、Kāua I Ka Huahuaʻi（タフアフアイ）、Moani Ke ʻAla。

Kaʻiulani
カイウラニ王女
1875 – 1899

リケリケ女王の一人娘。イギリスとスコットランドで教育を受ける。アイナハウとして知られるワイキキの邸宅の庭に、彼女が好きだった美しい孔雀（manu pikake）がいたことが、母、リケリケ女王の楽曲 ʻĀinahau に歌われている。23歳の若さで他界。カラーカウア王が1881年に日本を訪れた際、明治天皇に謁見し、王女と山階宮定麿親王との縁談を提案したことは有名。

au ／ 'oe

レッスン2　ハワイアンソングの頻出語　人称代名詞

ハワイ語の人称代名詞には、日本語のそれにはない2つの大きな特徴があります。1つめの特徴は、「双数」と呼ばれる「2人だけに限定した代名詞」が存在するという点。つまり、日本語や英語などで「複数」として扱われるもののうち、ハワイ語では「2人だけを指す代名詞」と「3人以上を指す代名詞」が区別されているのです。もう1つは、一人称代名詞の双数や複数で、「聞き手（あなた）」を含む代名詞と、「聞き手（あなた）」を含まない代名詞とを区別するという点です。このような使い分けは他のポリネシア語にも見られる特徴です。拡大家族で大勢が一緒に住む文化であるポリネシアの家庭では、このような言葉の使いわけにより、その話題の中に誰が含まれているのかを知り、混乱や人々の対立などを避け、より円満な人間関係を保つことが出来たのです。これらはポリネシア人の「生活の知恵」から生み出された表現です。

WIKIWIKI 24
主格となる人称代名詞

ハワイ語の人称代名詞は、主格（主語となるもの）、所有格（所有するもの）、そして目的格（目的語となるもの）など、その用途によって形が変わります。ここでは、最も基本的な「主格の人称代名詞」を学びます。

Track 24

人称＼数	単数（1人）	双数（2人）	複数（3人以上）
一人称	au / wau 私	kāua, māua* 私たち（2人）	kākou, mākou* 私たち（3人以上）
二人称	'oe あなた	'olua あなたたち（2人）	'oukou あなたたち（3人以上）
三人称	'o ia 彼／彼女／それ	lāua 彼ら／彼女ら／それら（2人）	lākou 彼ら／彼女ら／それら（3人以上）

＊聞き手を含まない場合。（P.33参照）

一人称（包括形）

話し手自身、または話し手と聞き手を含む仲間を指す。
「包括形」とは、聞き手も含んだ形をいう。

au / wau 私 〔話し手〕

| au / wau 私 | 'oe あなた〈聞き手〉 |

kāua 私たち（2人）〔話し手+聞き手（1人）〕

| au / wau 私 | 'oe あなた |

kākou 私たち（私を含め3人以上）〔話し手+聞き手（2人以上）〕

| au / wau 私 | 'oe あなた | 'oe あなた |

一人称（除外形）

話し手自身、または話し手を含む仲間を指し、聞き手は含まない。
「除外形」とは、聞き手を含まない形をいう。

māua 私たち（2人）〔話し手+会話外の人物1人〕

| au / wau 私〈話し手〉 | 'o ia 彼／彼女 | 'oe あなた

mākou 私たち（3人以上）〔話し手+会話外の人物2人以上〕

| au / wau 私〈話し手〉 | 'o ia 彼／彼女 | 'o ia 彼／彼女 | 'oe あなた

二人称

聞き手自身、または聞き手を含む仲間を指す。話し手(私)は含まない。

'oe あなた 〔聞き手〕

au / wau 私 〈話し手〉 — 'oe あなた

'olua あなたたち(2人) 〔聞き手(2人)〕

au / wau 私 〈話し手〉 — 'oe あなた / 'oe あなた

'oukou あなたたち(3人以上) 〔聞き手(3人以上)〕

au / wau 私 〈話し手〉 — 'oe あなた / 'oe あなた / 'oe あなた

三人称

話し手、聞き手以外の人、あるいは話題に上がった人や事柄を指す。

'o ia 彼・彼女・それ 〔会話の外の人物1人〕

au / wau 私 〈話し手〉 — 'oe あなた 〈聞き手〉 — 'o ia 彼／彼女

lāua 彼ら・彼女ら・それら(2人) 〔会話外の人物2人〕

au / wau 私 〈話し手〉 — 'oe あなた 〈聞き手〉 — 'o ia 彼／彼女 / 'o ia 彼／彼女

lākou 彼ら・彼女ら それら(3人以上) 〔会話外の人物3人以上〕

au / wau 私 〈話し手〉 — 'oe あなた 〈聞き手〉 — 'o ia 彼／彼女 / 'o ia 彼／彼女 / 'o ia 彼／彼女

ハワイをもっと知りたい！ WIKIWIKI Column 4

Track 25

ハワイの8つの島

①中心都市
②有名なアリイ（首長）
③島を代表する山
④島のレイ
⑤島の色

◆ **Hawaiʻi　ハワイ**
①ヒロ（**Hilo**）
②ケアヴェ（**Keawe**）
③マウナケア（**Mauna Kea**）
④レフア（**Lehua**）
⑤赤（**ʻUlaʻula**）
ハワイ島は現在も「Moku o Keawe（ケアヴェの島）」として知られる。

◆ **Molokaʻi　モロカイ**
①カウナカカイ（**Kaunakakai**）
②ラニカーウラ（**Lanikāula**）
③カマコウ（**Kamakou**）
④ククイ（**Kukui**）
⑤緑（**ʻōmaʻomaʻo**）
女神ヒナはモロカイ島の母とされ、"Molokaʻi nui a Hina"というフレーズは曲などにもよく歌われる。

◆ **Maui　マウイ**
①ワイルク（**Wailuku**）
②ピイラニ（**Piʻilani**）
③ハレアカラー（**Haleakalā**）
④バラ（**Lokelani**）＊小ぶりな花のバラ
⑤ピンク（**ʻĀkala**）
「Maui nō ka ʻoi.（マウイは実に素晴らしい）」は、歌などに頻出する有名表現。

◆ **Oʻahu　オアフ**
①ホノルル（**Honolulu**）
②カークヒヘヴァ（**Kākuhihewa**）
③カアラ（**Kaʻala**）
④イリマ（**ʻIlima**）
⑤黄（**Melemele**）
オアフ島はパパ（地母神）とルアの間に生まれた子どもとされる。

◆ **Kahoʻolawe　カホオラヴェ**
①―
②―
③―
④ヒナヒナ（**Hinahina**）
⑤グレー（**ʻĀhinahina**）
カホオラヴェ島は、ハワイ四大神の1人海の神**Kanaloa**に捧げられたことから、もとは「カナロア」と呼ばれた。

◆ **Kauaʻi　カウアイ**
①リフエ（**Līhuʻe**）
②マノカラニポー（**Manokalanipō**）
③カウアイキニ（**Kawaikini**）
④モキハナ（**Mokihana**）
⑤紫（**Poni**）
古代カウアイ島の統治者の名から「マノカラニポーの島」ともいわれる。

◆ **Lānaʻi　ラナイ**
①ラナイシティ（**Lānaʻi City**）
②カウルラーアウ（**Kaululāʻau**）
③ラナイハレ（**Lānaʻi Hale**）
④カウナオア（**Kaunaʻoa**）
⑤オレンジ（**ʻAlani**）
島の名前は、「征服（**naʻi**）の日（**lā**）」を意味するといわれている。

◆ **Niʻihau　ニイハウ**
①プウヴァイ（**Puʻuwai**）
②カヘレラニ（**Kahelelani**）
③パーニーアウ（**Pāniʻau**）
④ニイハウシェル（**Pūpū**）
⑤白（**Keʻokeʻo**）
ニイハウ島で採れる小さな貝殻で作られるシェルレイは、古代統治者の名から「カヘレラニ」と呼ばれる。

ハワイのことわざ　**ʻŌlelo Noʻeau**

Nā kai ʻewalu.

ハワイの8つの海。（ハワイの8島を分ける、8つの海。）〔ハワイ諸島を表す場合に使われる詩的表現〕

第二章◎基本のパーツを理解する

レッスン3 | i ／ ma ／ me
「〜へ」「〜で」「〜と」小さくても大きな存在 前置詞

レッスン1では、「名詞の見つけ方」を学びました。次に、名詞のサポート的存在である「前置詞」に注目しましょう。前置詞は文字通り、名詞の「前」に「置」かれ、名詞と他の品詞との橋渡しをしています。また、前置詞は目的語となる単語を見つける目印にもなるため、前置詞を知ることによって、より一層文章の構造を理解しやすくなります。文章の全体像を把握する大切なステップとして、前置詞をしっかりと学びましょう。

WIKIWIKI 25

i ／ iā (人称代名詞が後に続く場合)

〜を 動作の直接的な対象（直接目的語）を表す。

美しさ	子ども
i ka nani	i ke keiki
美しさを	子どもを
私たち	
iā kākou	iā Hawai'i
私たちを	ハワイを

この意味で使う時のみ、固有名詞（特に地名）が後ろに来る場合はiāを用いる。

〜に 動作の影響を間接的に受ける対象（間接目的語）を表す。時を表す場合にも使う。

子ども	私たち
i ke keiki	iā mākou
子どもに	私たちに
	この 夜
i Maui	i kēia pō
マウイに	今夜

〜で 動作・作用が行われる場所を表す。

	この 通り
i Hawai'i	i kēia alanui
ハワイで	この通りで
山	中
i ke kuahiwi	i loko
山で	中で

〜へ 方向・場所・終着点を表す。

	私の 家
i Honolulu	i ko'u hale
ホノルルへ	私の家へ
海	外
i ke kai	i waho
海へ	外へ

---

au（私）と 'o ia（彼・彼女）が後に続く場合は語形が変化する。

iā ＋ au → ia 'u
　　　　　　私に

iā ＋ 'o ia → iā ia
　　　　　　　彼／彼女に

WIKIWIKI 26

ma

〜で／〜にて

① 所在地を表す。

ma lāpana	ma kona hale
日本	彼の　　家
日本で／日本にて	彼の家で

② 手段を表す。

ma ke ka'a	ma ka wa'a
車	カヌー
車で	カヌーで

i／iāと比べ、maは意味をより強調、限定する。

WIKIWIKI 27

me

〜と／〜と一緒に　動作をともにするものを表す。

me ka hoa	me Puakea	me 'oe	me ke aloha
友だち		あなた	愛
友だちと	プアケアと	あなたと	愛とともに（愛を込めて）

〜であるとともに　直前の動詞に付加情報を加える。

kū me ke ki'eki'e
立つ　　　高さ
高さとともにそびえる（＝高くそびえる）

> au（私）と 'o ia（彼・彼女）が後に続く場合は語形が変化する。
>
> me + au → me a'u　　　me + 'o ia → me ia
> 　　　　　　私と　　　　　　　　　　　彼／彼女と

WIKIWIKI 28

mai ／ maiā（人称代名詞が後に続く場合）

〜から　ものごとの由来や出所を表す。

mai ke kumu	mai Lopaka	maiā lākou	mai Kahiki
先生		彼／彼女たち	タヒチ
先生から	ロパカから	彼／彼女たちから	タヒチ（異境の地）から

> au（私）と 'o ia（彼・彼女）が後に続く場合は語形が変化する。
>
> mai + au → mai a'u　　　mai + 'o ia → maiā ia
> 　　　　　　私から　　　　　　　　　　　彼／彼女から

WIKIWIKI 29

a

〜まで

①距離・時間の範囲を表す。

<u>a</u> (hiki i)*¹ ke kahua mokulele（空港）
空港まで

<u>a</u> (hiki i)*¹ kēia kakahiaka（この朝）
今朝まで

mai ka lā hiki*² <u>a</u> ka lā kau（日の出／日の入り）
日の出から日の入りまで

mai ka hoʻokuʻi*² <u>a</u> ka hālāwai（天頂／地平線）
天頂から地平線まで

*1「a hiki i …」という形で使われる場合もある。
*2 a は、mai や maiā とあわせて「…から…まで」という広範囲な場所などを表す場合がある。

②程度を表す。

hoʻomaʻamaʻa（練習する）<u>a</u> maʻa（慣れる）
慣れるまで練習する

kui（通す）a lawa（充分な）
充分になるまで（糸を）通す

WIKIWIKI 30

no

〜の／〜のために／〜にとって　利益・恩恵・目的を表す。

no nā kamaliʻi（子ども）
子どもたちのために

no Kehau
ケハウのために

no kāua（私たち）
私たちのために

---

au（私）、**ʻoe**（あなた）と **ʻo ia**（彼／彼女）が後に続く場合は語形が変化する。

no + au → **noʻu**　私のために

no + ʻoe → **nou**　あなたのために

no + ʻo ia → **nona**　彼／彼女のために

WIKIWIKI 31

na

〜の／〜によって／〜にとって　手段・方法、判断や評価の基準を表す。

na ke akua（神）
神によって

na ka makua（親）
親の／親にとって／親によって

na ʻIolana
イオラナの／イオラナにとって／イオラナによって

---

au（私）、**ʻoe**（あなた）と **ʻo ia**（彼／彼女）が後に続く場合は語形が変化する。

na + au → **naʻu**　私によって

na + ʻoe → **nāu**　あなたによって

na + ʻo ia → **nāna**　彼／彼女によって

ハワイをもっと知りたい！　　　　　　　　　　　　　　WIKIWIKI Column 5

フラスタイルの3つの分類

現在、フラは固有の楽器とチャントを伴う古典フラ（フラカヒコ **Hula Kahiko**）と、西洋から伝わった楽器と歌を伴う現代フラ（フラアウアナ **Hula 'Auana**）とに分類されています。しかし、このような分類がされるようになったのは、1970年代の第2次ハワイアンルネッサンス期*からです。本来フラは、その時代や使われた楽器またはステップの種類などによって、大きく3つに分類することが出来ます。フラカヒコとフラアウアナという分け方とは異なるこの分類から、フラの歴史的背景がより深く見えてきます。

*1830年にカアフマヌ女王によって公式な場所でのフラが禁止された後、衰退していたフラがカラーカウア王によって復興された1870年代を「第1次ハワイアンルネッサンス期」と呼ぶ。

①Hula Pahu（フラ・パフ）

ヘイアウと呼ばれる寺院での儀式などで宗教的な目的のために踊られた最も古いフラ。その神聖さから、最も崇高なフラといわれる。鮫の皮を貼ったパフドラム*の拍子に合わせて踊ることから、そう呼ばれる。もとは **ha'a** と呼ばれ、これはマオリ語で「踊り」を意味する **haka** と同語源である。

*パフドラムは伝説上、タヒチ（異郷の地）から伝来したとされ、厳密には「ハワイ固有」ではないともいわれる。

②Hula 'Āla'apapa（フラ・アーラアパパ）

1820年頃から始まったとされる、カメハメハ王朝時代を代表するフラ。アーラアパパという語には、「過去を広く公にする」という意味があり、過去の偉業や統治者、神を称えたものなど、叙事詩を題材にしたものが多い。主に、イプヘケ*とチャントを伴った踊り。パフドラムに対し、イプヘケはハワイで創作されたことから、「ハワイ固有」であるとされる。

*フラの伴奏に使われるひょうたん形の打楽器。

③Hula Ku'i（フラ・クイ）

1883年のカラーカウア王の戴冠式で踊られ、カラーカウア王の時代に流行したフラ。クイには、「一緒になった」や「結合された」という意味があり、古いステップと新しいステップなど、古いものと新しいものや、ハワイ固有の楽器と西洋から紹介された楽器などが融合した「過渡期のフラ」として知られる。フラ・クイではギターやウクレレを用い、チャントではなく歌を伴う。これに対して、イプヘケとチャントを伴ったものはフラ・オーラパ（**Hula 'Ōlapa**）と呼ばれた。

ハワイのことわざ 'Ōlelo No'eau

Kuhi nō ka lima, hele nō ka maka.

まずは、手の動きありき、その手を目で追う。〔フラを踊る時のルール〕

レッスン4 | kēia / kēnā / kēlā
日本語に近い指示代名詞「これ」「それ」「あれ」

「ハワイ語は外国語」という観点から、ハワイ語と日本語の違いを理解することを中心にハワイ語を見てきましたが、2つの言語を比較した時、相違点だけではなく、文化や言語の違いを超え、ものの考え方や見方などの類似点も見つけることが出来ます。たとえば、英語では *this*（これ）と *that*（それ、あれ）という2種類の指示代名詞とが使われるのに対し、ハワイ語と日本語は、どちらも3種類の指示代名詞が使われます。さらに、ハワイ語の3種類の指示代名詞が、それぞれ日本語の指示代名詞「これ」「それ」「あれ」にあたり、その観念がとても似ているというところも興味深い点です。

WIKIWIKI 32
ハワイ語の指示代名詞は3種類

ハワイ語の3種類の指示代名詞は、日本語の「これ（この）」「それ（その）」「あれ（あの）」とほぼ同じ意味で使われます。

Track 26

| **kēia これ・この** | ☞ 話し手（私）の近くにあるものを指す。 |

kēia ／ **kēia laua'e**（ラウアエ） このラウアエ（植物の名）

| **kēnā それ・その** | ☞ 聞き手（あなた）の近くにあるものを指す。 |

kēnā ／ **kēnā i'a**（魚） その魚

| **kēlā あれ・あの** | ☞ 話し手にも聞き手にも遠くにあるものを指す。 |

kēlā ／ **kēlā lehua**（レフア） あのレフア（花の名）

指示代名詞を使って質問してみましょう！

He aha kēia? これは何ですか？

He aha kēnā? それは何ですか？

He aha kēlā? あれは何ですか？

「どれ」が先？「どちら」が後？

ハワイ語と日本語の使い方に、こんな興味深い類似性を見ることが出来ます。
英語よりも身近な印象を受けませんか。

	あれこれ	あちらこちら
日本語		
ハワイ語	kēlā me kēia (あれ　これ)	i 'ō i 'ane'i (あちら　こちら)
英語	this and that (これ　あれ)	here and there (こちら　あちら)

第二章◎基本のパーツを理解する

ハワイをもっと知りたい！

ハワイの偉大な音楽家たち

ハワイは、地理的にも太平洋の真ん中に位置し、昔から様々な人種の往来がとても多く、独自の文化を形成しました。音楽面においても、ハワイ固有のフラやチャントと、西洋から持ち込まれた音楽が融合し、ハワイ音楽文化を創り出しました。ここでは、ハワイ音楽に影響を与えた多くの偉大な音楽家の中から、9名に絞って紹介します。

①ロレンゾ・ライオンズ（Lorenzo LYONS）1807 – 1886

マサチューセッツ州出身。1832年、宣教師としてハワイに降り立ち、ハワイ島ワイメアに暮らした。ハワイ人からはマクア・ライアナの名で親しまれ、生涯で900曲以上の賛美歌を英語からハワイ語に翻訳。当時は話し言葉であったハワイ語の文字化を奨励した。現在、様々な催しで歌われる「ハワイ・アロハ」の作詞を手がける（メロディは賛美歌から）。

②チャールズ・エドワード・キング（Charles Edward KING）1874 – 1950

ホノルル出身。ハワイの最も著名な音楽家の一人。ハワイ語が堪能で、ハワイの歴史や文化にも精通。チャントに大きな関心を寄せた。ハワイアンソングにこだわり、400曲以上の楽曲を残す。
《主な作品》
'Eleu Mikimiki、Ku'u Lei Aloha、Ke Kali Nei Au (Hawaiian Wedding Song)、Ku'u Lei Poina 'Ole、Pua Carnation

③ヘレン・デシャ・ビーマー（Helen Desha BEAMER）1881 – 1952

ホノルル出身。著名な音楽一家ビーマー家に生まれる。一家は古いチャントの保存と調査に深い情熱を注いだことでも知られる。ビーマースタイルと呼ばれるフラの創案者。
《主な作品》
Kawohikūkapulani、Keawaiki、Kimo Hula、Nā Kuahiwi 'Elima

④メリー・カヴェナ・プークイ（Mary Kawena PŪKU'I）1895 – 1986

ハワイ島カウー出身。ハワイ語とハワイ文化の最高権威として知られる。ハワイ語辞書の編集をはじめ、マディ・ラムとともに、現在も親しまれている多くのハワイアンソングを世に送り出した。
《主な作品》
Pua Līlīlehua、Ku'u Lei、Ku'u Lei Pūpū

⑤ジョン・カメアアロハ・アルメイダ（John Kameaaloha ALMEIDA）1897 – 1985

ホノルル出身。幼少の頃に視力を失い、盲目の作詞作曲家として知られる。ハワイ語を話す環境で育ったため、ハワイ語で書かれた作品が多い。生涯に200曲以上作詞作曲する。女性からインスピレーションを得て作られた楽曲が多いことでも有名。
《主な作品》
'Ā 'Oia、Green Rose Hula、Ku'u Ipo Pua Rose、Lei Hinahina、Noho Paipai、Māhealani Moon

WIKIWIKI Column 6

⑥ **マディ・ラム**
（**Maddy LAM**）1910 – 1985
正式名は、**Madeline Kaululehuaohaili LAM**。ハワイ語とハワイ文化に精通。メリー・カヴェナ・プークイとの合作（*）による多くの名曲を世に送り出す。
《主な作品》
He Aloha Kuʻu Ipo*、
Ka Lehua I Milia*、
Kīpū Kai*、Nani Venuse*、
Pō Laʻilaʻi*、
Pua ʻĀhihi*

⑦ **アームガード・ファーデン・アールリ**
（**Irmgard Farden ʻĀLULI**）1911 – 2001
マウイ島ラハイナ出身。著名な音楽一家ファーデン家に生まれる。ハワイ音楽史において、最も楽曲を多く残した女性音楽家の一人で、その数300曲以上といわれている。「Puamana」はラハイナにあったファーデン家が住んだ邸宅の名から。メリー・カヴェナ・プークイとの合作（*）も多数。
《主な作品》
E Maliu Mai、Laupāhoehoe Hula*、
Nā Hoa Heʻenalu*、Punaluʻu*

⑧ **ビル・リンカーン**
（**Bill LINCOLN**）1911 – 1989
正式名は、**William Lionel Kalanialiʻiloa LINCOLN**。ハワイ島コハラ出身。ジョン・アルメイダのもとで音楽を学ぶ。様々な才能に恵まれ、広い音域と独特な声を持った"伝説のファルセットシンガー"としても知られる。
《主な作品》
Moku O Keawe、
Nani Lāwaʻi、
Pua ʻIliahi、
Pua Be Still、
Pua Lei Aloha

⑨ **ヘンリー・バーガー**
（**Henry BURGER**）1844 – 1929
旧プロシアのポツダム出身。1872年、ロイヤルハワイアンバンド（ハワイ最古のバンド）のリーダーとしてホノルルへ渡り、以後43年間、バンドマスターを務めた。ハワイ語を学び、英語よりも堪能になったという。カラーカウア王もバーガーのもとで音楽を学び、多大な音楽的影響を受けたといわれる。200曲以上のハワイアンソングの編曲を手がけた。
《主な作品》
Kohala March、Beautiful ʻIlima、
Ahi Wela、ʻAkahi Hoʻi、Sweet Lei Lehua

ハワイのことわざ ʻŌlelo Noʻeau

Nā pahu kapu a Laʻamaikahiki, ʻŌpuku lāua ʻo Hāwea.
ラアマイカヒキの聖なるドラム、オープクとハーヴェア。
〔ハワイ音楽文化を語る上で重要なパフドラムの伝来。この2つのドラムがラアマイカヒキ*により南太平洋から最初に持ち込まれたといわれる。〕
*「タヒチ（異郷の地）から来た神聖な者」の意。

レッスン5　ko'u ／ ka'u
ハワイ語の所有格　OクラスとAクラス

日本語では、自分の所有物を示す時、所有するものが何であっても、また、「私」と「私が所有するもの」がどのような関係であっても、「私の家」「私の手」「私の子ども」のように、すべて「私の」という言葉を使って表します。これに対し、ハワイ語では、「所有する人」と「所有されるもの」の関係によって所有物を"Oクラス"、"Aクラス"と呼ばれる2つのグループに分け、ko'u、ka'u（どちらも「私の」）のようにそれぞれ異なる所有格代名詞を使って表します。ここでは、その2種類の所有格について学習します。

WIKIWIKI 33
どんなものがOクラス？

先天的なもの、自分が所有をコントロール出来ないもの。

①自分より年長の親族（両親・祖父母・おじ・おばなど）、兄弟姉妹、いとこなどの血縁関係者。

makuakāne 父　**makuahine** 母　**'anakala** おじ　**'anakē** おば　**kupuna kāne** 祖父　**kupuna wahine** 祖母

②体の部分など、そのものの所有の経緯などに自分の意志が反映（影響）されないもの。

lima 手　　**kino** 体　　**maka** 目／顔

①②以外でOクラスに含まれるもの。

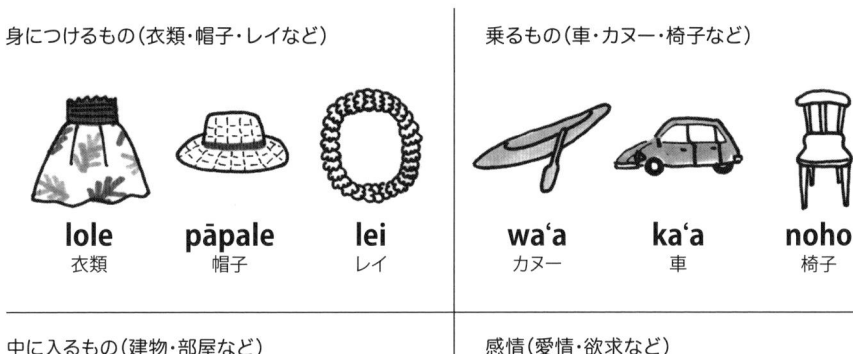

身につけるもの（衣類・帽子・レイなど）

lole 衣類　　**pāpale** 帽子　　**lei** レイ

乗るもの（車・カヌー・椅子など）

waʻa カヌー　　**kaʻa** 車　　**noho** 椅子

中に入るもの（建物・部屋など）

hale 家　　**lumi** 部屋

感情（愛情・欲求など）

manaʻo 思い　　**aloha** 愛

haliʻa 思い出　　**makemake** 欲求　　**ʻiʻini** 切望

wikimoani Oクラスのものが A クラスになることも！

基本的にはOクラスに入る語も、その所有の経緯によってはAクラスになる場合もあります。

O 私のレイ **koʻu lei**
私が身につけている場合
もらった場合

→

A 私のレイ **kaʻu lei**
私が作った場合
売る場合など

WIKIWIKI 34

どんなものがAクラス?

後天的なもの、自分が所有をコントロール出来るもの。

①夫や妻、恋人など、自ら選んだもの。

kāne 夫　　**wahine** 妻　　**ipo** 恋人

②自分よりも下の代の血縁関係者。

keiki 子ども　　**keikikāne** 息子　　**kaikamahine** 娘　　**moʻopuna** 孫

③自分が努力して得たもの。自らの意志によって獲得、購入、入手または製作したもの。

puke 本　　**meaʻai** 食べ物　　**ʻeke** かばん　　**makana** プレゼント

wikimoani　愛情を表現する kuʻu と kō

深い愛情表現をもって「私の」や「あなたの」を表す場合、所有するものがOクラスであっても、Aクラスであっても、kuʻuやkōが使われます。

Track 27

kuʻu ／ kuʻu lei 私の(愛しい)レイ

特に**ipo**(恋人)や**lei**(レイ)または親族を表す語などと一緒に用いて、愛情を示す。

kō ／ kō lei あなたの(愛しい)レイ

「あなたの所有するもの」に対して、より愛情を込めた言い方をする場合に使われる。

WIKIWIKI 35
最もよく使われるK所有格

所有格を示す場合の人称代名詞。すべてKで始まることから、「K所有格」と呼ばれ、所有格代名詞の中でも最も基本的な形です。

使用例

Oクラス
ko'u mana'o	kou kino	kona hale
私の思い	あなたの体	彼/彼女の家

使用例

Aクラス
kāu mea'ai	kāna puke
あなたの食べ物	彼/彼女の本

Track 28

数	人称		Oクラス		Aクラス
単数 (1人)	一人称 私の		ko'u		ka'u
	二人称 あなたの		kou		kāu
	三人称 彼/彼女の		kona		kāna
双数 (2人)	一人称 私たちの	包括	ko kāua	包括	kā kāua
		除外	ko māua	除外	kā māua
	二人称 あなたたちの		ko 'olua		kā 'olua
	三人称 彼ら/彼女らの		ko lāua		kā lāua
複数 (3人以上)	一人称 私たちの	包括	ko kākou	包括	kā kākou
		除外	ko mākou	除外	kā mākou
	二人称 あなたたちの		ko 'oukou		kā 'oukou
	三人称 彼ら/彼女らの		ko lākou		kā lākou

*表の見方はP.32参照

練習問題

A ◆ 日本語を、適切なOクラスまたはAクラスの所有格代名詞を入れたハワイ語にしましょう。

❶ 私の家

❷ 彼の恋人

❸ あなたの帽子

❹ 私たち（2人・除外）の子ども

❺ 彼女の目

❻ 彼ら（3人以上）のカヌー

❼ あなたたち（2人）の母

❽ 私たち（2人・包括）の父

❾ 私の孫

❿ あなたの友だち

B ◆ 所有格を使ったハワイ語を日本語に訳しましょう。

❶ koʻu lei

❷ kāna kāne

❸ ko lāua pālule aloha

❹ kāu hana

❺ ko ʻoukou muʻumuʻu

❻ kona makuakāne

❼ kā mākou puke

❽ kou inoa

❾ koʻu waha

❿ kā kākou ʻukana

解答

A) ❶ koʻu hale ❷ kāna ipo ❸ kou pāpale ❹ kā māua keiki ❺ kona maka ❻ ko lākou waʻa ❼ ko ʻolua makuahine ❽ ko kāua makuakāne ❾ kaʻu moʻopuna ❿ kou hoaaloha

B) ❶ 私のレイ ❷ 彼女の夫 ❸ 彼ら（2人）のアロハシャツ ❹ あなたの仕事 ❺ あなたたち（3人以上）のムウムウ ❻ 彼／彼女の父 ❼ 私たち（3人以上）の本 ❽ あなたの名前 ❾ 私の口 ❿ 私たち（3人以上）のかばん（手荷物）

ハワイをもっと知りたい！　　　　　　　　WIKIWIKI Column 7

知っておきたいハワイの古い地名

地名は、その土地の特徴や地形などに由来したり、自然や歴史と密接な関係を持っています。ハワイの地名の8割以上はハワイ語で、ハワイ人はタロ芋畑から養殖池、岩、サーフスポットなど、様々な場所に名前をつけました。やがて、移民による人口増加や生活様式の変化などによりハワイの住環境は変化し、歴史ある古い地名の多くが新しい地名へと置きかえられました。ハワイの伝説やチャント、古い文献などに残る古い地名を辿ることによって、そこからハワイの生きた歴史を知ることが出来ます。ここでは、ハワイの古い地名をいくつか紹介します。

現在の地名	古い地名（訳）	古い地名の由来／その他の情報
Pearl Harbor パールハーバー	**Puʻuloa** プウロア（長い丘）	この辺りが丘陵地であることからの名。1800年代に湾内で豊富に採れた真珠貝から、現在の地名に。現在、真珠貝は絶滅。
Honolulu ホノルル	**Kou** コウ（コウの木）	コウという地名は、オアフ島の首長**Kākuhihewa**に由来するとされる。1800年まで呼ばれた地名。ホノルルは、1845年よりハワイ諸島の首都に。
Honolulu Harbor ホノルル港	**Māmala** マーマラ（破片、小片）	港口にすむ鮫の女神**Māmala**に由来。マーマラの地名は、「He Aloha Nō ʻO Honolulu」「No Ka Pueo」などの曲にも登場する。
Hawaiʻi Kai ハワイカイ	**Mauna Lua** マウナルア（2つの山）	この地にそびえる2つの山（ココ・クレーターとココヘッド）からの名。この地にあったメネフネ*が作ったとされる**Kuapā**という養魚池はハワイカイ開発で消滅。現在は**Kuapā Kai**というマリーナとショッピングセンターの名として残る。
Lanikai ラニカイ	**Kaʻōhao** カオーハオ（結束、縛られた）	コーナネというゲームの後、2人の女性が殴打され、この地で布で縛られたことから。新しい名は、1924年に始まった開発後の命名。
Chinaman's Hat チャイナマンズハット	**Mokoliʻi** モコリイ（小さなトカゲ）	ヒイアカによって滅ぼされたトカゲ**Mokoliʻi**のしっぽがこの島に、胴体が近隣の平地になったとされる。
パールハーバー付近にあった養魚池	**Kapākule** カパークレ（アクレ（鯵）の囲い）	メネフネが作ったとされる養魚池。真珠湾開発によって消滅。プウロアに住む鮫の女神のすみかとされる。
Diamond Head (Kaimana Hila) ダイアモンドヘッド （カイマナヒラ）	**Laeʻahi / Lēʻahi** ラエアヒ／レーアヒ（マグロの額）	ヒイアカがこの山を**ahi**（マグロ）の**lae**（額）になぞらえたことから。

*一晩のうちに養魚池や溝、道、寺院などを作ったとされる伝説上の小びと。

ハワイのことわざ　ʻŌlelo Noʻeau

Alahula Puʻuloa, he alahele na Kaʻahupāhau.

プウロアのあらゆる場所にある、カアフパーハウの痕跡。
〔その場所についてすべて知っている人を表す表現〕
カアフパーハウはプウロアに住み、常に泳ぎまわり監視することによって、人々を鮫の攻撃から守った鮫の女神。

レッスン6　hele / noho / nani
自動詞　他動詞　状態動詞

3種類の動詞を学ぶ

このレッスンでは、動作や状態を表すハワイ語の「動詞」について学びます。文章の軸となる動詞を理解することで、文の全体像がより鮮明に見えてきます。ハワイ語の動詞の一番の特徴は、それ自体は変化、活用しないということです。ただし、動詞の前後に動詞マーカーと呼ばれる「目印」を置くことによって、過去、未来などの時制や、受動態、能動態などの「態」や「相(アスペクト)」を表現します。また、動詞は「自動詞」「他動詞」「状態動詞」の3種類に分けられます。日本語では聞き慣れない「状態動詞」とは、「nani (美しい)」や「ikaika (強い)」のように、ものごとの状態や状況を表し、日本語の形容詞や形容動詞のような役割を果たします。

WIKIWIKI 36
自動詞とは？

自動詞とは、主語(動作主)自体の動作を表すものを指します。
このため、自動詞は動作主の動作の対象となる直接目的語を取りません。

'au 泳ぐ

hele 行く

lele 飛ぶ

kūkā 話し合う

hiamoe 寝る

WIKIWIKI 37

他動詞とは？

他動詞とは、動作主の動作が他に及ぶものを指します。
また、他動詞は動作を受ける対象である直接目的語を取ります。

aloha
愛する

hā'awi
手渡す

'ike
見る

noho
住む

'ai
食べる

WIKIWIKI 38

状態動詞とは？

状態動詞とは、ものごとの様子や状態・状況を表します。
また、状態動詞は受け身の形を取らないのが特徴です。

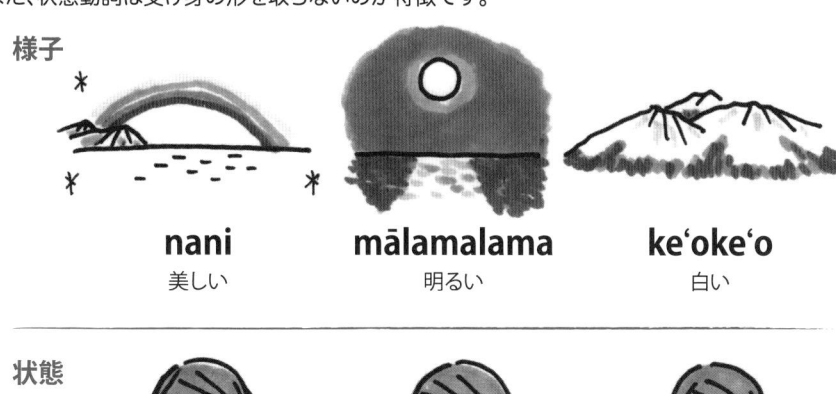

様子

nani
美しい

mālamalama
明るい

ke'oke'o
白い

状態

māluhiluhi
疲れた

pōloli
お腹がすいた

makahiamoe
眠い

ハワイをもっと知りたい！

雨の名前、風の名前

ハワイ島ヒロに降る雨の名前「カニレフア」など、ハワイ語には、その地区に特定された雨や風の名前があります。記録されているだけでも、オアフ島に15、マウイ島に12、ハワイ島に9、カウアイ島に4の雨や風の名前があるといわれています。

雨の名前	風の名前	地名（島）	説明
————	ʻApaʻapaʻa 強風	コハラ （ハワイ島）	突然の大災害や人が叩きのめされる様子を形容する言葉とされるほどの強い風。
ʻĀpuakea	————	コオラウポコ （オアフ島）	ヒイアカによって雨に化身させられた美しい女性アープアケアの名から。
————	Kaiāulu 心地よい風	ワイアナエ （オアフ島）	ワイアナエについて歌われた曲にもよく登場する、穏やかな貿易風。
Kanilehua レフアに降る霧雨	————	ヒロ （ハワイ島）	「レフアの花にパラパラと音を立てて(kani)降る雨」の意。
Kaualoku どしゃ降りの雨	————	ハナレイ （カウアイ島）	同じカウアイ島にあるカヴァイキニ山（「大量の水」の意。オリカーヘア(P.112)に歌われる）は、世界で最も湿気のある場所として有名。ハナレイに降るカウアロクも、「まるでバケツをひっくり返したよう」と表現されるほどのどしゃ降りの雨。
————	Kauaʻula 破壊的に吹く強い山風	ラハイナ （マウイ島）	強さを表す、「カウアウラが吹いても倒れない」という表現があり、"Ke kukui piʻo ʻole i ke Kauaʻula.(カウアウラが吹いても消えない電気)"という表現は、この地区の人々の強さを表現する場合にも使われた。
Kīpuʻupuʻu 冷たい雨	Kīpuʻupuʻu 冷たい風	ワイメア （ハワイ島）	カメハメハ大王がワイメアから槍兵軍を結成した時、出身地の冷たい雨にちなんで軍にこの名をつけたことでも知られる。
Kuahine 霧雨	————	マノア （オアフ島）	母クアヒネが、娘のカハラオプナを殺された後、悲しみのあまりこの雨に姿を変えたといわれる。Tuahine（トゥアヒネ）と発音されることが多い。

WIKIWIKI Column 8

雨の名前	風の名前	地名(島)	説明
――	**Kuehulepo** ほこりを吹き上げる風	カウー (ハワイ島/オアフ島)	カウーは風の強い乾燥地として知られ、常に強風にみまわれ、ほこりや泥を吹き上げているという。
Kūkalahale	**Kūkalahale**	ホノルル (オアフ島)	「パラパラと音を立て、家(**hale**)の屋根に降ることを告げる(**kūkala**)」という意。
Laniha'aha'a	――	ハナ (マウイ島)	「雲が低く垂れ込める空に降る雨」という意。ある若い首長が突然のスコールの際、バナナの木立に入り、そこで彼の突いた槍が刺したバナナの葉から水がこぼれ落ちた。彼がそれを「空(**lani**)が低すぎて(**ha'aha'a**)刺してしまった。」と表現したことから。ハナを詩的に表現する時にも使われる。
Līlīlehua	**Līlīlehua**	パーロロ(オアフ島)/ ワイエフ(マウイ島)	「レフアを冷やす冷たい雨」の意。パーロロに住む伝説の雨の女神の名から。
Moanianilehua	**Moanianilehua**	プナ (ハワイ島)	「レフアの香りを運ぶ風」の意。プナはレフアが多く群生する地として知られている。
Nāulu にわか雨	――	カワイハエ (ハワイ島)	ワイメア(カウアイ島)、カナロア(マウイ島)に吹く海風の名でもある。
Pō'aihale	――	カハルウ (オアフ島)	「家を包み込む雨」の意。**Pō'aihala**「パンダナスを包み込む雨」とも呼ばれる。
Wa'ahila	――	ヌウアヌ/ マノア(オアフ島)	ヌウアヌ渓谷からマノア渓谷にかけて降る雨。

ハワイのことわざ 'Ōlelo No'eau

Huli ka lau o ka 'ama'u i uka, nui ka wai o kahawai.

アマウの葉が山側を向くと、大水の兆し。
(アマウの葉が風になびき山側を向くと、雲も風に吹かれて山に向かい、やがて雨を引き起こす。)

レッスン7　mai / aku / luna / lalo
位置や方向を表す語

ハワイ語には、場所や位置、または方向など「空間」を表す語がたくさんあります。これらの語は、動詞など、他の語を伴って使われることが多く、動詞などが表す動作の方向や、ものごとの置かれている場所や位置をより明確にします。

WIKIWIKI 39
動作、行為の方向を表す方向指示詞

方向指示詞は、主に話者から見た方向を表現する際に使われます。mai、aku、luna、laloがこれにあたり、「hele mai（来る）」、「hele aku（行く）」などのように動詞を伴い、動作の方向を表します。日本語の「持っていく」の「いく」や、「持ってくる」の「くる」が示す方向性に似たものと考えると理解しやすいでしょう。

mai こちらに向かってくる動作の方向を表す。

aʻo mai
学ぶ（知識を他から受け入れる）

kūʻai mai
買う（品物を人の手から自分の手にする）

lawe mai
持ってくる

aku こちらから離れていく動作の方向を表す。

kūʻai aku
売る（品物を自分の手から人の手へ渡す）

aʻo* aku
教える（知識を自分から人へ伝える）

lawe aku
持っていく

＊aʻoという言葉は、方向指示詞のmai（aʻo mai　学ぶ）とaku（aʻo aku　教える）によって"知識の伝わる方向"を区別しますが、aʻoという単語自体が「教える」と「学ぶ」の両方の意味を持っています。この語から「教えることと学ぶことは相互に作用する行いであり、教えること、すなわち学ぶこと」というハワイ人の考え方を知ることが出来ます。

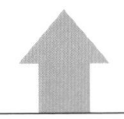

aʻe 上に向かっていく動作の方向を表す。

hele aʻe
登る（上へ向かって歩く）

kupu aʻe
芽生える

ulu aʻe
育つ

hele iho
下る（下へ向かって歩く）

hāʻule iho
落ちる

lele iho
降下する　（lele = 飛ぶ）

iho 下へ向かっていく動作の方向を表す。

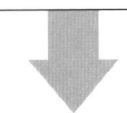

WIKIWIKI 40
ものの位置や場所を表す語

以下に挙げる語は、ものごとの「位置（時間的な意味合いも含む）」や「場所」を表します。これらは、「i …」または「ma…o」という形で成句として使われる場合が多くあります。

luna 上	ma luna o ke kuahiwi (山) 山の上に／で	i luna o ka lewa (空) 空の上へ／に／で
lalo 下	ma lalo o ke kai (海) 海の下（海中）に／で	i lalo o ka ʻāina (土地) 地の下（の方）へ／に／で／を
waho 外	ma waho o ka mokupuni (島) 島の外で	i waho o ka hale (家) 家の外へ／で／に
loko 中	ma loko o ka hālau (フラスクール) フラスクールの中で／に	i loko o kuʻu puʻuwai (心) 私の心の中へ／で／に／を

英語にも影響を与えたハワイ語表現

ハワイで話される通称"ピジン・イングリッシュ"では、「車に乗る」という時、"(get) in the car"（車の中に乗る）の代わりに、"(get) on top of the car"（車の上に乗る）という言い方をする場合があります。これは、ハワイ語の「カヌーに乗る＝(kau)ma luna o ka waʻa＝カヌーの上に（乗る）」という表現に影響を受けています。

mua 前	**hele i mua** 前に進む	**ma mua** （時間が）先に
hope 後ろ	**i hope o ka hale** 家の後ろに	**ma hope** （時間が）後で
waena 間	**i waena o kāua** 私たち（2人）の間に	**ma waena o Hawaiʻi me Iāpana** ハワイと日本の間で
kai 海側	**ma kai** 海側で	**hele i kai** 海側へ行く
uka 山側	**ma uka** 山側で	**hele i uka** 山側へ行く

ローカル式方角の表し方 in ホノルル

ハワイでは、ホノルル中心部から東西南北を指す時、以下のような表現をよく耳にします。ハワイの天気予報でも、山側を指す場合、「ma uka」という言い方をします。

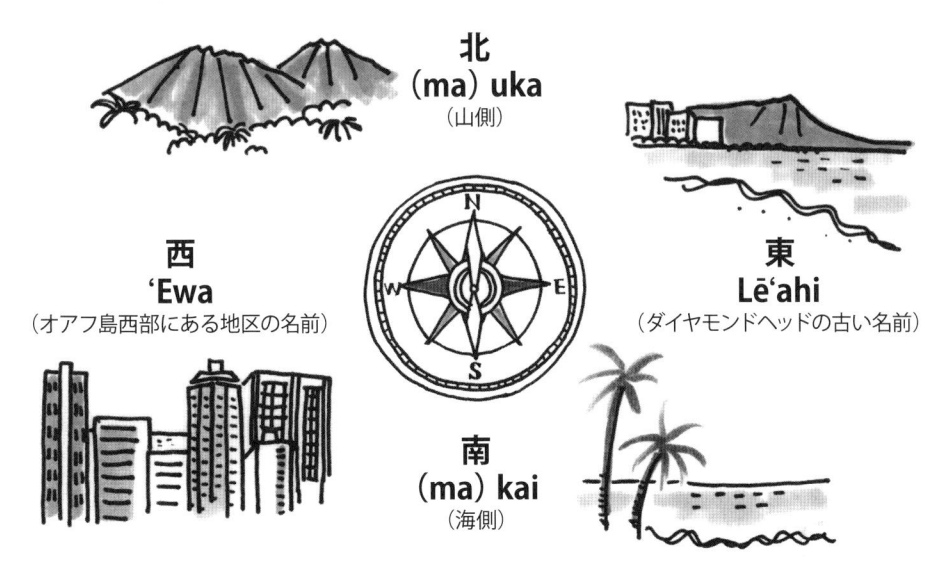

北
(ma) uka
（山側）

西
ʻEwa
（オアフ島西部にある地区の名前）

東
Lēʻahi
（ダイヤモンドヘッドの古い名前）

南
(ma) kai
（海側）

ho'o + ○○○

レッスン8 | ハワイ語特有の語形変化とは？

ハワイ語は語数が少ないため、同じ単語が別の品詞に変化したり、語形が変化したりと様々な役割を果たします。そこには、ある一定の法則が見られ、ハワイアンソングやチャントなどを通じてなじみのあるものが多いかもしれません。これらの特徴や意味を知り、ハワイ語への理解をさらに深めましょう。

WIKIWIKI 41

kilakila(キラキラ)── ハワイ語にもたくさんある重複語

日本語の重複語のほとんどがオノマトペ(擬声語、擬態語)であるのに対し、ハワイ語の重複語は、重複によって語の意味や品詞が変わるなど、より文法的な変化が見られるのが特徴です。

語全体が重複するもの

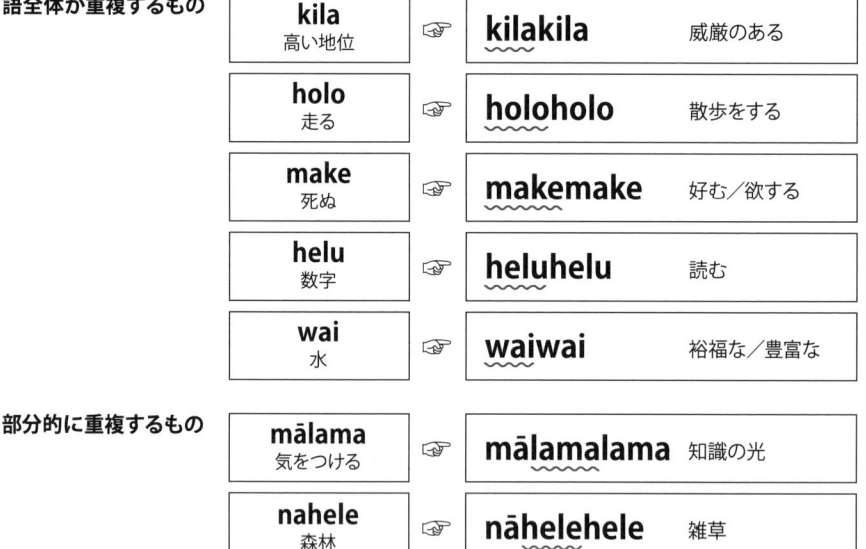

元の語		重複語	意味
kila (高い地位)	☞	kilakila	威厳のある
holo (走る)	☞	holoholo	散歩をする
make (死ぬ)	☞	makemake	好む／欲する
helu (数字)	☞	heluhelu	読む
wai (水)	☞	waiwai	裕福な／豊富な

部分的に重複するもの

元の語		重複語	意味
mālama (気をつける)	☞	mālamalama	知識の光
nahele (森林)	☞	nāhelehele	雑草

wikimoani 水(wai)がたくさんあると…

ハワイでは、タロ芋などの農作物を育て、人々の暮らしを支える水(wai)が豊富にあることが豊か(waiwai)であると考えられました。

WIKIWIKI 42

hoʻo ＋ ○○○ のルール

使役接頭辞であるhoʻoは、それを単語の前に置くことによって、その単語が動詞ならば使役動詞に、動詞以外ならばその単語を動詞に変化させる働きがあります。

意味の変化

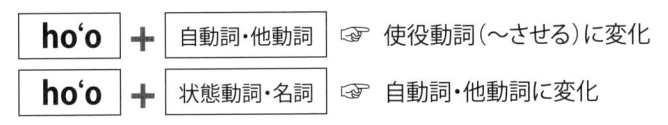

| hoʻo | ＋ | 自動詞・他動詞 | ☞ | 使役動詞（〜させる）に変化 |

| hoʻo | ＋ | 状態動詞・名詞 | ☞ | 自動詞・他動詞に変化 |

語形の変化

hoʻoの後に単語が来る場合、子音で始まる語・母音で始まる語・オキナで始まる語の3つのパターンに分けることが出来ます。

①子音で始まる語　hoʻo ＋ C（子音で始まる語）　☞　hoʻoC

- hoʻo ＋ pono（正義）　☞　hoʻopono（正す）
- hoʻo ＋ nani（美しさ／美しい）　☞　hoʻonani（着飾る（美しくする））
- hoʻo ＋ mākaukau（準備が出来た）　☞　hoʻomākaukau（準備をする）
- hoʻo ＋ lohe（聞こえる）　☞　hoʻolohe（聞く）

②母音で始まる語　hoʻo ＋ V（母音で始まる語）　☞　hoʻV̄

- hoʻo ＋ ala（起きる）　☞　hoʻāla（起こす）
- hoʻo ＋ aʻo（学ぶ）　☞　hoʻāʻo（試みる）

③オキナで始まる語　hoʻo ＋ ʻV（オキナが語頭に来る語）　☞　hōʻV

- hoʻo ＋ ʻike（見る）　☞　hōʻike（見せる）
- hoʻo ＋ ʻala（香りのよい）　☞　hōʻala（香らせる）

WIKIWIKI 43
動詞＋'anaで、名詞に変わる！

動詞のすぐ後に'anaという語をつけることによって、動詞を名詞に変化させることが出来ます。動詞の後に方向指示詞（mai、aku、a'e、iho）が続く場合、'anaは動詞のすぐ後に来るので、語順に注意しましょう。

kū'ai 買う	☞	kū'ai 'ana	買うこと／買い物
hīmeni 歌う	☞	hīmeni 'ana	歌うこと
hele mai 来る	☞	hele 'ana mai	来ること／訪問

'anaの代わりに接尾辞 -naがつく場合もあります。

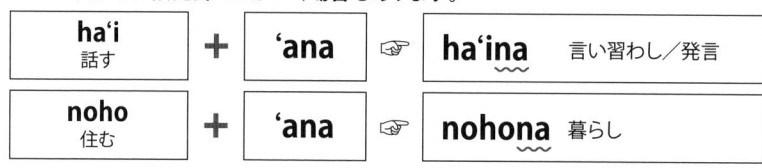

| ha'i 話す | ＋ | 'ana | ☞ | ha'ina | 言い習わし／発言 |
| noho 住む | ＋ | 'ana | ☞ | nohona | 暮らし |

WIKIWIKI 44
便利なことば mea

ハワイ語には、meaというとても便利な単語があります。meaには「こと」「もの」「人」などの意味があり、これに修飾語をつけることで、「〜するもの」「〜する人」など、様々な表現が可能になります。

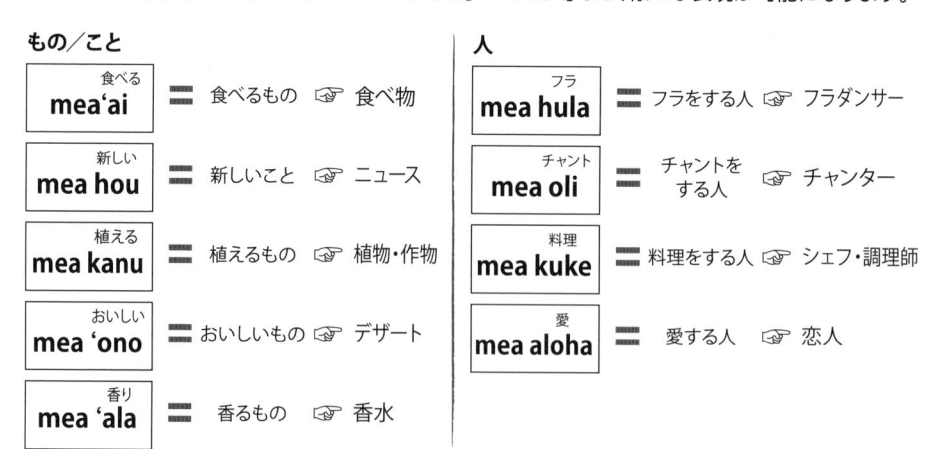

もの／こと

mea'ai（食べる）	＝	食べるもの	☞	食べ物
mea hou（新しい）	＝	新しいこと	☞	ニュース
mea kanu（植える）	＝	植えるもの	☞	植物・作物
mea 'ono（おいしい）	＝	おいしいもの	☞	デザート
mea 'ala（香り）	＝	香るもの	☞	香水

人

mea hula（フラ）	＝	フラをする人	☞	フラダンサー
mea oli（チャント）	＝	チャントをする人	☞	チャンター
mea kuke（料理）	＝	料理をする人	☞	シェフ・調理師
mea aloha（愛）	＝	愛する人	☞	恋人

ハワイをもっと知りたい！　　　　　　WIKIWIKI Column 9

神聖な5つの植物

伝統的なハーラウ・フラ（フラスクール）には、クアフと呼ばれるフラの女神ラカを祭る祭壇が置かれ、フラにまつわる神々を象徴する重要な5つの植物が供えられます。現在もフラダンサーが踊りの際、これらをレイなどの形で身につけます。ダンサーはそんな「神の化身」を身につけて踊ることで、より神に近づくことが出来るとされています。

①マイレ（Maile）
ハワイ原産の灌木。葉の形や大きさによって4種類に分類され、フラの女神である「マイレの4姉妹」の化身とされる。フラの女神ラカもその一人。ハーラウ・フラの祭壇に供えられた。
〔4種のマイレ〕
Maile haʻiwale（小さく丸い葉）
Maile kaluhea（甘い香り）
Maile lauliʻi（先のとがった細い葉）
Maile pākaha（丸い卵形の葉）

②イエイエ（ʻIeʻie）
ハワイ固有のタコノキ科に属する灌木。はい上がって成長する性質を持つ。半神半人の女神ラウカイエイエの化身とされる。

③ハラペペ（Halapepe）
ドラセナ属のハワイ固有の植物。和名ホソバセンネンボク。狭披針形の細い葉を持つ。フラの神カポの化身とされる。

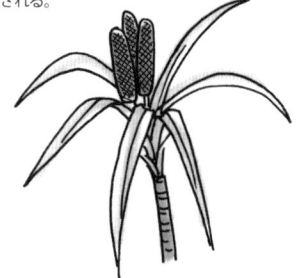

④レフア（Lehua ／ ʻŌhiʻa Lehua）
レフアは「花」、オヒアは「レフアの木」を意味する。ハワイ四大神、森の神クーの姿の1つであるクーカオヒアアカラカを象徴する。

⑤パラパライ（Palapalai）
ハワイ原産のミクロレピア属のシダ。火山の女神ペレの妹、ヒイアカイカポリオペレを象徴する。

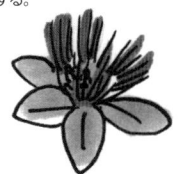

ハワイのことわざ ʻŌlelo Noʻeau

ʻAʻa i ka hula, waiho ka hilahila i ka hale.
フラを踊る時は、はにかみの心は家に置いてくる。

pua nani
レッスン9 — 修飾語と被修飾語の関係

ハワイ語には、「修飾語」は「修飾される語」の後に来る、という大きな特徴があります。このルールは、名詞句（名詞とそれを修飾する語から成る句）であっても、動詞句（動詞とそれを修飾する語から成る句）であっても変わりません。日本語とは語順が逆であるため、訳し方を間違えないように気をつけましょう。

WIKIWIKI 45
「修飾（説明）される語」が前、「修飾（説明）する語」は後ろ

文章が長く複雑になればなるほど、単語と単語の関係性は見いだしにくくなりますが、基本ルールは変わりません。まずは、しっかりとこの語順に慣れましょう。

名詞句でも…

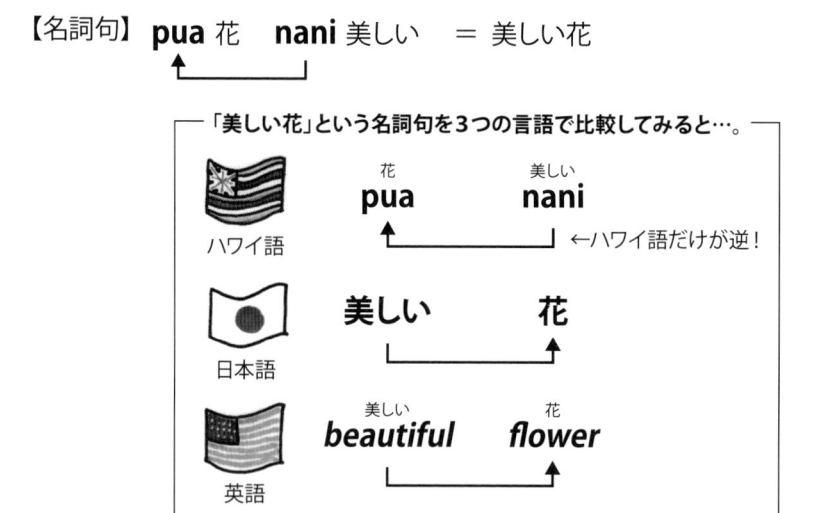

【名詞句】 **pua** 花　**nani** 美しい　＝ 美しい花

「美しい花」という名詞句を3つの言語で比較してみると…。

- ハワイ語: pua（花）　nani（美しい）　←ハワイ語だけが逆！
- 日本語: 美しい　花
- 英語: beautiful（美しい）　flower（花）

wikimoani 語順が違うとこんなに意味が変わる！

kino nui	vs	nui kino		ka pua nani	vs	Nani ka pua.
体 大きい						
大きい体		全身		美しい花〔名詞句〕		花は美しい。〔状態動詞を使った文〕

2つ以上の修飾語がつく場合は？

ハワイ語では、1つの名詞に2つ以上の修飾語をつけることはあまりありませんが、以下のような形で表すことが出来ます。

he hale nani a hou
家 美しい そして 新しい
新しくきれいな家

he ka'a hou maika'i
新車(1語扱い) よい
よい新車

he puke wehewehe 'ōlelo Hawai'i
本 調べる 言語
ハワイ語辞書

＊それぞれの語に対する修飾語を順につけ、全体を説明しています。

動詞句でも…

【動詞句】 **holo** 走る **'āwīwī** 早く ＝ 早く走る

強調を表す語いろいろ

ハワイ語には、言葉の意味を強調する語がたくさんあります。直前に来る単語の意味を強めます。

ho'i	'elua ho'i	まさに2人（2つ）
ho'i kau	nanea ho'i kau	とても楽しい
'i'o	ha'aheo 'i'o	とても誇りに思う
loa	maika'i loa	すごくよい
maoli	kanaka maoli	本当の人＝ハワイ人
maoli nō	nani maoli nō	とても美しい
nō	'o ia nō	その通り
nui	mahalo nui	どうもありがとう
nui loa	mahalo nui loa	本当にどうもありがとう
wale	nani wale	とても美しい

練習問題

A ◆ ハワイ語の名詞句を日本語に訳しましょう。

❶ aliʻi kaulana _____

❷ kai mālie _____

❸ keiki hiwahiwa _____

❹ lei ʻaʻala _____

❺ wahine uʻi _____

B ◆ 日本語の名詞句をハワイ語に訳しましょう。

❶ 高い山 _____

❷ 美しいレイ _____

❸ 大きな島 _____

❹ 赤い花 _____

❺ 寒い朝 _____

C ◆ ハワイ語の動詞句を日本語に訳しましょう。

❶ holo ʻāwīwī _____

❷ hula leʻa _____

❸ huli ʻākau _____

❹ pāʻani leʻaleʻa _____

❺ noho nani _____

D ◆ 日本語の動詞句をハワイ語に訳しましょう。

❶ (木などが)穏やかに揺れる _____

❷ 早く帰る _____

❸ 堂々とそびえる _____

❹ とても美しい _____

❺ よく世話をする _____

解答

A) ❶有名な首長 ❷穏やかな海 ❸大切な子ども ❹香りのいいレイ ❺美しい女性
B) ❶ kuahiwi kiʻekiʻe ❷ lei nani ❸ mokupuni nui ❹ pua ʻulaʻula ❺ kakahiaka anuanu
C) ❶早く走る ❷楽しく踊る ❸右を向く ❹楽しく遊ぶ ❺美しく座る
D) ❶ napenape mālie ❷ hoʻi ʻāwīwī ❸ kū kilakila ❹ nani loa ❺ mālama pono

第三章 ◎ 主要な文型を学ぶ

レッスン1 | 'O ···. He ···. 等式文「△△△は○○○です。」

等式文とは、文の主部（前）と述部（後）がイコールで結ばれている文章、すなわち、AイコールBという形を取る文型をいいます。英語の場合、am, are, isなど、be動詞によってAとBが連結されたり、日本語では、「AはBです。」の「は」や「です」のように、AとBを結ぶ連結（動）詞がありますが、ハワイ語にはそれにあたる語はなく、AとBが直接結びついて文章が構成されます。ハワイ語の等式文には、大きく分けて、「ものごとを識別するための'O等式文」と、「ものごとを分類するためのHe等式文」の2つがあります。

WIKIWIKI 46
'Oで始まる識別を表す等式文

```
     固有名詞を表す冠詞
     'O   ○○○  +  △△△.  =  △△△は○○○です。
```

Point 人の名前やものの名称など、固有の名前や名称を識別する時に用いられる文型。特定の人やものを表す。後述のHe等式文と違い、"他のものではなく、まさに○○○である"という意味合いが強く、固有名詞を表す場合が多い。

Track 29

　　　　　　ヒイアカイカポリオペレ　　彼女の　名前
'O Hi'iakaikapoliopele kona inoa.
　　　　○○○　　　　　　　　　△△△

訳) 彼女の名前 は ヒイアカイカポリオペレです。

　　あなた まさに 私の 恋人 愛する
'O 'oe nō ka'u ipo aloha. (Aloha 'Oe)
　　　○○○　　　△△△

訳) 私の愛する人 は まさにあなた です。

　　　　　　最高の まさに コナ 海 多色の光線で彩られた
'O ka heke nō nā Kona i ke kai mā'oki'oki. (He Aloha Nō 'O Honolulu)
　　○○○　　△△△　　　　　　補足情報

訳) たくさんの色の光線で彩られた海で コナ地区 は まさに最高 である。

WIKIWIKI 47
Heで始まる分類を表す等式文

> 不定冠詞
> **He** ○○○ ＋ △△△. ＝ △△△は○○○です。

Point 対象となるものの性別、人種、職業、種類などの分類を表す。

Track 30

ハワイ人　私
He Hawai'i au.
　○○○　△△△

訳）<u>私</u> は <u>ハワイ人</u>です。

貴重な　あなた　私の　目
He waiwai 'oe i ka'u 'ike. (Pua 'Āhihi)
　○○○　△△△　　補足情報

訳）<u>私の目には</u> <u>あなた</u> は <u>貴重</u> です。（私にとってあなたは貴重な人です。）

愛しい　　つぼみ　花　白檀
He aloha ka liko pua 'iliahi. (Pua 'Iliahi)
　○○○　　　△△△

訳）<u>白檀の花のつぼみ</u> は <u>愛しい</u>。

上級 WIKI
He等式文にnaまたはnoで始まる付加情報がつく形

分類を識別するHe等式文の後に、na（〜にとって）やno（〜のために）などの語で始まる句をつけ足すことによって、その文にさらなる付加情報を加えることが出来ます。

Track 31

レイ　大切な　　〜にとって　　親
He lei hiwahiwa | na | ka makua.
　○○○　　　　　　付加情報

訳）（あなたは）<u>親にとって</u> <u>大切なレイ</u> である。

"**He lei hiwahiwa ('oe) na ka makua.**" の 'oe が省略されています。
詩では、このような省略がよく見られます。レイは「子ども」の比喩表現です。

住民　〜のための　　土地
He kupa | no | ka 'āina. (Heha Waipi'o)
　○○○　　付加情報

訳）<u>土地のための</u> <u>住民</u> である。（あなたは土地の人である。）

"**He kupa ('oe) no ka 'āina.**" の 'oe が省略されています。

上級 WIKI

等式文の疑問文

等式文の'OやHeの直後に、疑問詞「wai」「aha」を入れることによって、疑問文を作ることが出来ます。

Track 32

$$\text{'O wai } \triangle\triangle\triangle\text{?} = \triangle\triangle\triangle\text{は誰ですか。}$$

　　　　誰　　名前　〜の　この　　島
'O wai ka inoa o kēia mokupuni?
　○○○　　　　△△△

訳)この島の名前 は 誰 ですか。(この島の名前は何ですか。)

$$\text{He aha } \triangle\triangle\triangle\text{?} = \triangle\triangle\triangle\text{は何ですか。}$$

　　　何　　あなたの　行為　　　そっぽを向く
He aha kāu hana e pāweo nei ? (Moanike'ala)
　○○○　　　　　　　△△△

訳)そっぽを向くあなたの行為 は 何 ですか。(あなたはどうしてそっぽを向いているの。)

e … nei は、「〜している」を意味する動詞マーカー。

wikimoani 'O wai(誰？)とHe aha(何？)

名前や名称をたずねる場合、日本語や英語では、対象が人ならば「誰」や「*who*」、人以外ならば、「何」や「*what*」と疑問詞を使いわけますが、ハワイ語では、その場合、「人」であっても「もの」であってもすべて「誰」にあたる「wai」という疑問詞が使われるのが特徴です。

✗ **He aha ka inoa o kēia mokupuni?**

⬇

◯ **'O wai ka inoa o kēia mokupuni?**

訳)この島の名前 は 何ですか。

練習問題

A ◆ 'O等式文を日本語に訳しましょう。

❶ 'O wai kou inoa? ＿＿＿＿＿＿＿＿＿＿＿＿＿＿＿

❷ 'O Lehua koʻu inoa. ＿＿＿＿＿＿＿＿＿＿＿＿＿＿＿

❸ 'O wai ka inoa o kēia mele? ＿＿＿＿＿＿＿＿＿

❹ 'O nā mea hula lākou. ＿＿＿＿＿＿＿＿＿＿＿＿＿

❺ 'O Mamo kaʻu keiki. ＿＿＿＿＿＿＿＿＿＿＿＿＿＿

B ◆ He等式文を日本語に訳しましょう。

❶ He aha kēlā? ＿＿＿＿＿＿＿＿＿＿＿＿＿＿＿＿＿＿

❷ He lei pīkake kēlā. ＿＿＿＿＿＿＿＿＿＿＿＿＿＿

❸ He aha kēia pua? ＿＿＿＿＿＿＿＿＿＿＿＿＿＿＿

❹ He ʻulaʻula koʻu holokū. ＿＿＿＿＿＿＿＿＿＿＿

❺ He puke ʻōlelo Hawaiʻi kēia. ＿＿＿＿＿＿＿＿＿

C ◆ ハワイ語に訳した場合、「'O等式文」「He等式文」のどちらで表すか、正しい方を選びましょう。

❶ 彼のハーラウ（フラスクール）の名前はフラ・ナニです。　〔 'O ・ He 〕

❷ このレイはマイレです。　〔 'O ・ He 〕

❸ この学校の名前は何ですか？　〔 'O ・ He 〕

❹ 彼女たちは誰ですか？　〔 'O ・ He 〕

❺ あれは何ですか？　〔 'O ・ He 〕

❻ この曲名は何ですか？　〔 'O ・ He 〕

❼ その花は何色ですか？　〔 'O ・ He 〕

❽ あなたのお母さんの名前は何ですか？　〔 'O ・ He 〕

❾ これは何という木ですか？　〔 'O ・ He 〕

❿ このホテルの名前は何ですか？　〔 'O ・ He 〕

解答

A) ❶ あなたの名前は何ですか。　❷ 私の名前はレフアです。　❸ この歌の曲名は何ですか。　❹ 彼／彼女たち（3人以上）がフラダンサーです。　❺ 私の子どもはマモです。

B) ❶ あれは何ですか。　❷ あれはピーカケのレイです。　❸ この花は何ですか。　❹ 私のホロクー（ドレス）は赤です。　❺ これはハワイ語の本です。

C) ❶ 'O　❷ He　❸ 'O　❹ 'O　❺ He　❻ 'O　❼ He　❽ 'O　❾ He　❿ 'O

『Hawaiian Dictionary』を使いこなそう！

語学を学ぶ上で、欠くことが出来ないのが辞書。ハワイ語も同様です。今では日本語で調べられる手段も増え、とても便利になりましたが、より正確な言葉の意味や使い方を知るには、ハワイ大学などハワイの教育機関も推奨する『Hawaiian Dictionary』（University of Hawai'i Press刊）がおススメです。語彙数の多さ（約3万語を掲載）やスペルの正確さなどに加え、チャントや歌、詩的なことわざ、古代の祈りなどからの引用も数多く掲載されているため、ハワイ文化を学ぶ上での「バイブル」とも称されています。この辞書は英語版のみのため、私たちが便利に使いこなす上で特に必要なポイントやキーワードをわかりやすくまとめました。

◆引き方のポイント◆
単語を調べる時に参考にしたいポイント

見出し語 ─────
品詞を表す略語（一覧表参照）─
語意説明 ─────

> **Mela.nikia.** nvs. Melanesia; Melanesian. *Eng.*
> **mele.** 1. nvt. Song, anthem, or chant of any kind; poem, poetry; to sing, chant (preceded by both *ke* and *ka*). Cf. *haku mele. Kāna mele,* his song [sung by him or composed by him]. *Kona mele,* his song [in his honor]. *Ke Mele a Solomona* (Biblical), the Song of Solomon. Cf. *oli,* a chant that is not danced to. *Mele ʻoli,* gay song. **hoʻo.mele.** To cause to sing or chant. (PNP *umele.*) 2. vs. Yellow. 3. vs. Merry. *Eng. Mele Kalikimaka,* merry Christmas.

◇ 語意が複数ある場合は、使用頻度の高い順に「1．2．3．…」と掲載されている。
◇ セミコロン（;）で語意が品詞ごとに区分されている。
◇ **to**…は、その語が「動詞」であることを表す（**to sing** → 歌う）。
◇ イタリック体（斜体）部分は、用例。
◇ **Also**…は、綴りや発音の異形。
◇ **Cf.**は「参照」。**Cf.**の後に記された語を調べてみよう。
◇ **Same as**…は、「…に同じ」。…に書かれた単語が類語。
◇ *Eng.*と書かれているものは、英語起源の語を指す。
◇ *Fig.*は、比喩的な意味。
◇ *Lit.*は、文字通りの意味。
◇ （　）は、引用の出典や、植物の学名など。
◇ hoʻoで始まる語を調べる場合は、語幹を探す（**hoʻomele**を調べたい場合は、**mele**で引く）。

ハワイのことわざ ʻŌlelo Noʻeau

I ka nānā nō a ʻike.　　よく見ることは学ぶこと。

WIKIWIKI Column 10

◆『Hawaiian Dictionary』の用語説明◆
辞書の中に記載されている用語の一覧表(抜粋)

用語	略語	用語の訳または説明	本書での関連ページ
a-CLASS POSSESSIVE		Aクラス所有格	(P.46)
ARTICLE		冠詞	(P.26)名詞マーカー
CONJUNCTION	conj.	接続詞	
DEMONSTRATIVE	demon.	指示詞	(P.40)指示代名詞
DIRECTIONAL		方向指示詞	(P.54)
INTERJECTION	interj.	間投詞、感嘆詞	
INTERROGATIVE	interr.	疑問詞	(P.68)
INTRANSITIVE VERB	vi.	自動詞	(P.50)
LOCATIVE NOUN	loc. n.	位置格(所格)名詞	(P.56)位置や場所を表す語
NOMINALIZER	nom.	名詞化させる語や接尾辞	(P.60)
NOUN	n.	名詞	(P.26)
NOUN-VERB	nv.	動詞にも名詞にもなる語	
o-CLASS POSSESSIVE		Oクラス所有格	(P.44)
PARTICLE		冠詞、前置詞、接続詞、間投詞、接頭辞、接尾辞など	(P.26、36、59、60)
POSSESSIVE	poss.	所有格	(P.47, 75)
PREPOSITION	prep.	前置詞	(P.36)
PROTO POLYNESIAN	PPN	ポリネシア祖語*	(P.14)
REDUPLICATION	redup.	重複語	(P.58)
STATIVE VERB	vs.	状態動詞	(P.51)
TRANSITIVE VERB	vt.	他動詞	(P.51)
VERB	v.	動詞	(P.50)

*元来ポリネシア地域で話されていたと仮定される共通の言語。ここから50以上の言語が派生したとされ、ハワイ語もその1つ。

レッスン2 │ He … koʻu.
所有を表す文「△△△は○○○を持っている。」

所有を表す文型は、He等式文（P.67）と同じく、Heで始まります。He等式文との違いは、述部に名詞の代わりに所有格を示す句が来るという点にあります。また、所有格を示す語は、「所有されるもの」が何であるかによって、OクラスとAクラス（P.44）に分類されるので注意しましょう。

WIKIWIKI 48
所有を表す文の基本形

$$\text{He} \quad \underset{\text{所有するもの}}{○○○} + \underset{\substack{\text{所有者（持つ）}\\\text{（K所有格代名詞）}}}{△△△}. = △△△は○○○を持っている。$$

point 所有を表す。所有者が人称代名詞か、普通名詞（固有名詞）かによってK所有格の語形が変わる。

Track 33 主語が人称代名詞の場合
所有者が代名詞の場合、各人称代名詞のK所有格（P.47）を用いる。

He ʻiʻini nui koʻu. (Hanohano Ka Lei Pīkake)
　　切望(Oクラス)　大きな　私は持つ
　　○○○　　　　　△△△

訳）私 は 大きな切望 を 持っている。（私はとても切望している。）

He ʻala onaona kou. (Ke Aloha / ʻAlekoki)
　　甘い香り(Oクラス)　いい香り　あなたは持つ
　　○○○　　　　　　△△△

訳）あなた は 甘くていい香り を 持っている。（あなたは甘くていい香りがする。）

主語が普通名詞の場合
普通名詞または固有名詞が主語の場合、K所有格（AクラスならばkāOクラスならばko）を所有者の前につける。

He ʻukulele kā ke kumu.
　　ウクレレ　持つ　先生(普通名詞)
　　○○○　　　　△△△

訳）先生 は ウクレレ を 持っている。

WIKIWIKI 49
所有するものの数量を表す文
主語が人称代名詞の場合

> (He)＋数詞＋ △△△ ＋○○○. ＝ △△△は○○○を何個持っている。
>   　　　　 所有者（持つ）　所有するもの
>   　　　　 （Kなし所有格）

point 所有するものの数量を表す。数詞のすぐ後に、各人称代名詞のOクラスまたはAクラスの「Kなし所有格」(P.75)を用いる。

Track 34

1) 所有する数が1の時（1つであることを強調）

文頭にものごとの数量を表す基数詞の「1」であるho'okahiを置く。
ここでは、ものごとの順序を表す序数詞'ekahiは使わない。
（基数詞ho'okahiと序数詞'ekahiの区別があるのは、「1」のみ）

　　　1　　　持つ　私たち　思い（Oクラス）
Ho'okahi　o kāua　mana'o.
　　　　　　 △△△　　○○○

訳）私たち2人 は ひとつ の 思い を 持っている。（私たちの思いはひとつです。）

2) 所有する数が2〜9の時

文頭に該当する2〜9の数詞を置く。文型bは口語的表現で、**WIKIWIKI 48** の文型に近い。

　　　　3　　　私は持つ　レイ(Oクラス)　ピーカケ
a) **'Ekolu　o'u　lei　pīkake.**
　　　　　　 △△△　　○○○

　　　　3　　　レイ(Oクラス)　ピーカケ　私は持つ
b) **'Ekolu　lei　pīkake　ko'u.**
　　　　　　 ○○○　　　　　　 △△△

訳）私 は ピーカケのレイ を 3つ 持っています。

3) 所有する数が10以上の時

文頭のHeの後に、10以上の数詞を置く。

　　　　10　　私は持つ　年齢(Oクラス)
He 'umi　o'u　makahiki.
　　　　　　 △△△　　○○○

訳）私 は 年齢 を 10 持っています。（私は10歳です。）

主語が普通名詞・固有名詞の場合

$$(He) + 数詞 + \underset{○○○}{\overset{所有するもの}{}} + \underset{}{\overset{持つ}{o / a}} + \underset{△△△}{\overset{所有者}{}}.$$

= △△△は○○○を何個持っている。

point 所有するものの数量を表す。数詞のすぐ後に、所有するものを置く。
また、所有者の前に、所有するものがOクラスかAクラスかによって、oあるいはaを置く。

1）所有する数が1つの時

Ho'okahi（1・思い） mana'o（持つ・複数） o nā haumāna（生徒）.
　　　　　　　　　○○○　　　　　△△△

訳）生徒たち は ひとつ の 思い を 持っている。（生徒たちの思いはひとつである。）

2）所有する数が2〜9の時

'Ekolu（3） lei pīkake（レイ・ピーカケ） o Puanani（持つ・プアナニ）.
　　　　　　　○○○　　　　　　△△△

訳）プアナニ は ピーカケのレイ を 3つ 持っている。

3）所有する数が10以上の時

He 'umi（10） makahiki（年齢） o kāna keiki（持つ・彼／彼女の子ども）.
　　　　　　○○○　　　　　△△△

訳）彼／彼女の子ども は 年齢 を 10 持っています。（彼／彼女の子どもは10歳です。）

ハワイ語の数の数え方を覚えましょう

Track 35

0	'ole	4	'ehā	8	'ewalu
1	'ekahi	5	'elima	9	'eiwa
2	'elua	6	'eono	10	'umi
3	'ekolu	7	'ehiku		

WIKIWIKI 50
数量を表す文で使われる、Kなし所有格代名詞

Track 36

数	人称		Oクラス		Aクラス
単数 (1人)	一人称 私の		o'u		a'u
	二人称 あなたの		ou		āu
	三人称 彼／彼女の		ona		āna
双数 (2人)	一人称 私たちの	包括	o kāua	包括	a kāua
		除外	o māua	除外	a māua
	二人称 あなたたちの		o 'olua		a 'olua
	三人称 彼ら／彼女らの		o lāua		a lāua
複数 (3人以上)	一人称 私たちの	包括	o kākou	包括	a kākou
		除外	o mākou	除外	a mākou
	二人称 あなたたちの		o 'oukou		a 'oukou
	三人称 彼ら／彼女らの		o lākou		a lākou

練習問題

A ◆ ハワイ語を日本語に訳しましょう。

❶ He lei pīkake koʻu.

❷ He muʻumuʻu nani ko koʻu makuahine.

❸ ʻEhā haku mele kaulana o Hawaiʻi.

❹ Hoʻokahi a māua kaikamahine.

❺ He ʻumi wahine hula o kēia hōʻike.

B ◆ 日本語をハワイ語に訳しましょう。

❶ 私は恋人がいます。（私は恋人を持っています。）

❷ 彼の息子は新しいギターを持っています。

❸ 彼ら（2人）はひとつの思いを持っています。

❹ キモはアロハシャツを5枚持っています。

❺ あなたは愛を持っています。

解答

A) ❶ 私はピーカケのレイを持っています。 ❷ 私の母は美しいムウムウを持っています。
❸ ハワイには有名な作詞作曲家が4人います。 ❹ 私たち（2人）には娘が1人います。
❺ このフラ・ショーには10人の女性フラダンサーがいます。
B) ❶ He ipo kaʻu. ❷ He kīkā hou kā kāna keikikāne. ❸ Hoʻokahi o lāua manaʻo. ❹ ʻElima pālule aloha o Kimo.
❺ He aloha kou.

様々なチャントの種類

いわゆる「チャント」と呼ばれるものには、オリ(**oli**)とメレ(**mele**)との2種類があり、オリは踊りを伴わずに詠唱のみをするもの、メレは踊りを伴ったものと区分されます。また、**mele**という語は、「詩や歌」という意味もあり、ハワイの詩は、「**mele ‥‥**」という表現で、歌詞の内容やテーマによって様々なカテゴリーに分類されます。ここでは、よく使われるチャントの分類を紹介します。

mele hoʻoipoipo	ラブソング。セレナーデ。
mele inoa / inoa	名前歌。王や女王など、特別な人のために、その人に敬意を表して作られたチャント。
mele kāhea	(フラスクールで)入場許可を請うためのチャント。
kaʻi	観客の前にダンサーが登場する時のチャントや歌。
hoʻi	観客の前からダンサーが退場する時のチャントや歌。
mele komo	歓待の歌。
mele kuahu	フラスクールでフラの神を祭った祭壇に向かって行うチャント。
mele maʻi	個人の生殖器官について歌ったチャント。首長などが誕生した際、生殖器に敬意を表し、子孫繁栄を願って作られた。陽気でアップテンポな旋律のものが多い。カラーカウア王の生殖器について歌った「Ko Maʻi Hōʻeuʻeu」の中には、生殖器の名前(**Hālala**)が歌い込まれている。リリウオカラニ女王の生殖器の名(**ʻAnapau**)は歌のタイトルにもなっている。
mele pana	有名な場所や伝説にまつわる場所などについて歌った歌。
ko(ʻ)ihonua	家系のチャント。先祖の名を古いものから順に挙げていく。
mele aloha	愛の調べ。
haʻi kupuna	先祖に関するチャント、家系のチャント。
kake	隠語などを挿入し、わざと不明瞭な表現で行うチャント。首長などが行った。
kūʻauhau	家系のチャント。
uē helu	悲しみのあまりむせび泣きながら、その人物の功績や思い出を語るチャント。葬儀などで行われる。

ハワイのことわざ ʻŌlelo Noʻeau

I leʻa ka hula i ka hoʻopaʻa. フラの楽しさはホオパア(チャンター)にある。

レッスン3 | Aia …. ／ Eia ….
位置や存在を表す文「○○○がある。」

ハワイアンソングやチャントでは、Aia や Eia で始まる表現をよく耳にします。これらは、「～にある」「～にいる」などを意味しています。「何がどこにあり」または、それらが「どういう状況にあるのか」を描写したり、問いかけたりするこれらの表現は、特に場所を描写した歌の中でよく使われます。

WIKIWIKI 51
位置や存在を表すAia

Aia + △△△（主語） + i ／ ma + ■■■（場所）. ＝ △△△は■■■にいる（ある）。

point 位置や存在を示す。「i／ma～」以下の節は、文全体の意味を変えることなく、主語の前にも後にも置くことが出来る。

Track 37

Aia ku'u ipo aloha i Honolulu.
（私の 恋人 愛する ～に ホノルル）
訳）私の愛する恋人 は ホノルルに いる。

「i～」を主語の後ろに置いた例文

Aia i Honolulu ku'u ipo aloha.　　＊訳は上に同じ。

Aia i Alaka'i ka 'ano'i. (Ka 'Ano'i)
（～に アラカイ 憧れの人）
訳）憧れの人 は アラカイに いる。

Aia i Waikaloa, home ho'okipa malihini. (Waikaloa)
（～に ワイカロア 家 歓待する 新来者）
訳）新来者を歓待する家 は ワイカロアに ある。

カピオラニ王妃のレイ・チャント

カピオラニ王妃(カラーカウア王の妃)のために書かれたチャントに、「レイ・チャント」として知られるものがあり、それらはすべて「Aia i…」という歌い出しで始まります。Aiaの後に、それぞれの楽曲にちなんだ地名が歌われています。このように、ある1つのテーマに基づいてシリーズ化されたチャントをheluといい、特にこのカピオラニ王妃のレイ・チャントのシリーズのように、様々な地名について歌われたものはhelu ʻāinaと呼ばれます。

Aia i Haili ko lei nani. (He Lei No Kapiʻolani)
訳)あなたの美しいレイはハイリ(地名)にある。

WIKIWIKI 52
存在を表すEia

Eia + △△△(主語). = △△△は(ここに)いる(ある)。

point 存在を表す。「今」「ここに」あるものについて表現する場合に使われ、AiaよりEiaは限定的かつ強調的な意味を持つ。

Track 38

Eia au me ʻoe. (He Hawaiʻi Au)
　　私　〜と　あなた
　　△△△　付加情報
訳)私 は あなたと (今)ここにいる。

Eia ko aloha i ʻaneʻi. (Kuʻu Ipo I Ka Heʻe Puʻe One)
　　あなたの 愛する人 〜に ここ
　　　　△△△　　　付加情報
訳)あなたの愛する人 は(今) ここに いる。

Eia nō lā au ma ʻaneʻi. (Pua Līlīlehua)
まさに(強調) 私 〜に ここ
　　　　　△△△　付加情報
訳)私 はまさに(今) ここに いる。

練習問題

A ◆ ハワイ語を日本語に訳しましょう。

❶ Aia kou hale i Mākiki.

❷ Aia i Mānoa ke kula nui.

❸ Aia ma Honolulu ka Hale Aliʻi ʻo ʻIolani.

❹ Aia ka ʻohana o Kalani ma ka hale ʻaina.

❺ Aia ʻo ia ma ke kahakai.

B ◆ 日本語をハワイ語に訳しましょう。

❶ 彼の家はマウイにあります。

❷ ケオニはリフエにいます。

❸ フラ・ショーはワイキキであります。

❹ 灯台は島の海側にあります。

❺ ヒロはハワイ島にあります。

解答

A) ❶ あなたの家はマキキにあります。 ❷ 大学はマノアにあります。 ❸ イオラニ宮殿はホノルルにあります。 ❹ カラニの家族はレストランにいます。 ❺ 彼／彼女は海辺にいます。
B) ❶ Aia kona hale ma Maui. ❷ Aia ʻo Keoni ma Līhuʻe. ❸ Aia ka hōʻike hula i Waikīkī. ❹ Aia ka hale ipu kukui ma kai o ka mokupuni. ❺ Aia ʻo Hilo ma ka mokupuni ʻo Hawaiʻi.

ハワイをもっと知りたい！　　　　　　　　　　　　WIKIWIKI Column 12

チャントのスタイルや技法について

チャントは、歌詞の内容によって様々な名称で分類されますが（P.77）、その唱え方も、詩の内容やテーマによって、どのスタイルで行うかが決まります。ここでは、代表的なチャントスタイルや技法を挙げて紹介します。ハワイには「キングカメハメハ フラ コンペティション」など、踊りとは別にチャントをスタイル別に競い合う大会があります。

ʻalalā	口を開け、声を震わせ、母音をのばす技法。
haʻanoʻu	強勢音節を特に強調する技法。
heʻu	チャントや祈りの際、喉の奥で出す音。
hoʻāeae	母音をのばす技法。特に恋愛に関するチャントに用いられる。
ʻiʻi	低い声を震わせる技法。ビブラート。
kāwele	はっきりとした発音で発声するチャントのスタイル。**kepakepa**に似ているが、こちらの方が**kepakepa**よりもゆっくりと発声する。
kepakepa	会話体のチャントのスタイル。敏速でリズミカルに、またハッキリと発声し、母音はのばさないのが特徴。
hea / hea inoa	名前歌（**mele inoa**）を唱える際のチャントのスタイル。
helu	家系のチャントなどで名前を羅列する際のチャントのスタイル。
ʻānuʻunuʻu	ビブラートによって声を震わせること。
oli / olioli	息を長くのばし、ʻiʻi（ビブラート）を使って行うチャントのスタイル。オリ・カーヘア（入場のチャント）などはこれで行う。

ハワイのことわざ ʻŌlelo Noʻeau

ʻAʻohe pau ka ʻike i ka hālau hoʻokahi.
知識の習得とは1つの学校で終わるものではない。

レッスン4 | Hele au i ke kula.
動詞を使った文「△△△は○○○する。」

動詞を使った文型は、状況や動作を表す「動詞（動詞句）」と「主語（主部）」からなります。名詞句や動詞句同様、ここでも注意したいのは、その語順です。日本語や英語では主語が先行するのに対して、ハワイ語では、まず動詞が文頭に来ます。これはポリネシア語圏の言語によく見られる特徴で、「誰が（主語）」よりも、「何が起こったのか」「どういう状況なのか」という「動作」や「状況」にまず着眼点を置いています。こうしたハワイ人のものの見方を、「語順」という言語の特徴からも見ることが出来るといえるでしょう。

WIKIWIKI 53
Poʻo（頭）・Piko（へそ）・ʻAwe（タコの足）からなるハワイ語文法を知る！

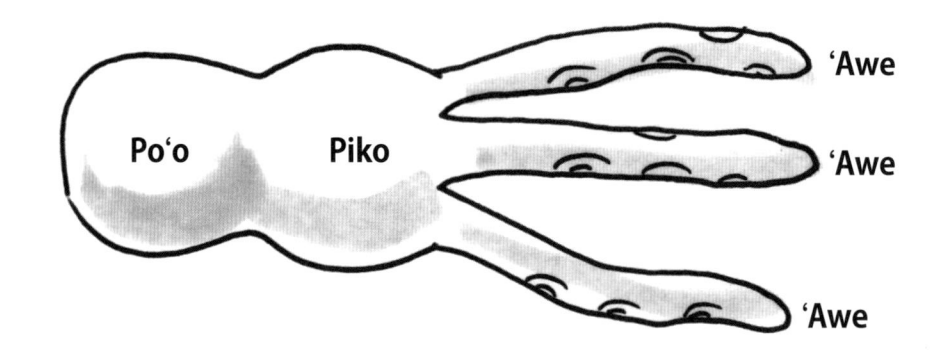

Poʻo　Piko　ʻAwe　ʻAwe　ʻAwe

Track 39

　　　行く　私　〜へ　学校
Hele au i ke kula.
(Poʻo) (Piko) (ʻAwe)
訳）私は 学校へ 行く（通う）。

ハワイ語の文章は、上図のようなタコ（Heʻe）の絵を使って説明することが出来ます。これは、ハワイ大学のハワイ語の授業などでもよく用いられている図解です。この絵では、文頭に来る主要な部分をPoʻo（頭）、中心に来る主語の部分をPiko（へそ）、それ以下の部分（付加情報など）をʻAwe（タコの足）と考えます。文によっては、ʻAweが1つのもの、2つ以上のもの、またはまったくないものもあります。

「私は学校へ行く。」という文を日本語、英語と比較してみると…

	行く　私　〜へ　学校
ハワイ語	**Hele au i ke kula.** 　V　　S　　　O

	私は　学校へ　行く。
日本語	S　　　O　　　V

	私　行く　〜へ　学校
英語	**I go to school.** S　V　　　O

WIKIWIKI 54
動詞が自動詞の場合

```
自動詞(Poʻo)    主語(Piko)    間接目的語(ʻAwe)
 ○○○    ＋    △△△    ＋    ■■■    ＝    △△△は■■■で○○○する。
```

point　直接目的語を取らない自動詞(Poʻo)と主語(Piko)の後に、付加情報や説明を示す間接目的語(ʻAwe)を置く。間接目的語とは、場所・時間・手段・目的など、動作の対象を間接的に受けるものを表す。

Track 40

　　　　答える　　こちらへ　　　　　ポリアフ　　　　〜から　　マウナケア山　こちらへ
Pane mai ʻo Poliʻahu mai Mauna Kea mai .
　○○○　　　　　 △△△　　　　　　　　■■■

訳) ポリアフ は マウナケア山から こちらに向かって答える。
　　(ポリアフはマウナケア山から答える。)

　　　　立つ　あなた　〜と　　高さ
Kū ʻoe me ke kiʻekiʻe. (Kawaipunahele)
　○○○　△△△　　　■■■

訳) あなた は 高さとともに 立つ。(あなたは高くそびえる。)

WIKIWIKI 55
動詞が他動詞の場合

```
他動詞(Poʻo)    主語(Piko)    直接目的語(ʻAwe)    間接目的語(ʻAwe)
 ○○○    ＋    △△△    ＋    □□□    ＋    ■■■
        ＝ △△△は■■■で□□□を○○○する。
```

point　他動詞(Poʻo)と主語(Piko)の後に直接目的語(ʻAwe)を置く。直接目的語とは、「動作の対象」となるものを表す。直接目的語の他に、間接目的語(ʻAwe)を取る場合がある。

Track 41

　　　　住む　　　ペレ　　〜に　　キーラウエア
Noho ʻo Pele ma Kīlauea.
　○○○　△△△　　　■■■

訳) ペレ は キーラウエアに 住んでいる。

　　　　見る　　私　〜を　　美しさ　〜の　ワイメア
ʻIke au i ka nani o Waimea. (Ke Anu O Waimea)
　○○○ △△△　　　　□□□

訳) 私 は ワイメアの美しさを 見る。

覚えておきたい人称代名詞の目的格

他動詞の文章では、直接目的語の前に i または iā が置かれます。ただし、直接目的語が人称代名詞または固有名詞の場合は、i の代わりに iā が用いられるので注意しましょう。

Aloha wau iā ʻoe.　　　　訳）私はあなたを愛しています。
Aloha wau iā Kaimana.　　訳）私はカイマナを愛しています。

Track 42

私に・を・へ	iaʻu （語形が変化）
あなたに・を・へ	iā ʻoe
彼／彼女に・を・へ	iā ia （語形が変化）
私たちに・を・へ	iā kāua , iā māua
あなたたちに・を・へ	iā ʻolua
彼／彼女たちに・を・へ	iā lāua
私たちに・を・へ	iā kākou , iā mākou
あなたたちに・を・へ	iā ʻoukou
彼／彼女たちに・を・へ	iā lākou

＊人称代名詞については、**WIKIWIKI 24**（P.32参照）

上級 WIKI

行為者を強調する文

その行為を"誰が"やったのか、を強調したい場合は、主語（行為者）を文頭に移動します。この場合「〜によって」を意味するna、あるいは「〜のために」を意味するno（P.38）を主語の直前に置きます。

Track 43

あなたのため（強調）　私の　思い
Nou　ē　koʻu manaʻo. (He Uʻi)

訳）私の思い は、あなたのため だ。（あなたのことを思っている。）

Nou は No+ʻoe の短縮形。ē は nou を強調する語です。

〜によって　神　守る　こちらへ　〜を　あなた
Na　ke Akua　e mālama mai　iā　ʻoe. (Hawaiʻi Aloha)

訳）あなた を 守るのは、神 によってだ。（神があなたをお守りくださる。）

〜によって　そよ風　〜の　マーリエ　運ぶ　こちらへ　私の　愛
Na　ke ahe　a ka Mālie　e hali　mai　kuʻu aloha.

訳）私の愛 を こちらへ運ぶのは、マーリエのそよ風 だ。　(Kauanoeanuhea)
（マーリエのそよ風が連れてくる私の愛。）

上の文における動詞 mālama や hali の直前の e は、英語の to不定詞のような働きをし、「〜をする」という意味になります。

上級 WIKI

eでつなぐ文中の2つめの動詞

動詞を使った文には、2つ以上の動詞を含んだものがあり、2番めの動詞はeの後に置かれ、英語の to 不定詞のような働きをします。これらは、主に「〜をしに行く」のhele（行く）、「〜をしたい」のmakemake（〜を望む）、「〜をしなくてはならない」のpono（なくてはならない）などがあります。

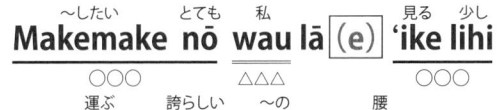

Track 44

Makemake nō wau lā (e) 'ike lihi
〜したい　とても　私　　　　　見る　少し
○○○　　　△△△　　　　　○○○

i ka lawe ha'aheo o ke kīkala. (Pauoa Liko Ka Lehua)
運ぶ　誇らしい　〜の　腰
　　　　　　　　　□□□

訳）私は 腰の誇らしげに運ぶさまを 少し見る ことを とてもしたい。
（私は誇らしげなその腰さばきをぜひ少しでも見てみたい。）

この文では 'ike の前の e が略されています。歌詞などでは、曲の長さや作詞者の意向などから、文法のルール通りではないフレーズや表現が見られます。
文中の lā は、歌に使われる繰り返し語（反復句）。

WIKIWIKI 56
動詞が状態動詞の場合

状態動詞(Poʻo)	主語(Piko)	付加情報(ʻAwe)
○○○ +	△△△ +	■■■.	= △△△は■■■で○○○である。

point　状態動詞(Poʻo)と主語(Piko)の後には、付加情報や説明を示す(ʻAwe)を置く。
「その状態になった理由や原因」などを表す。

Track 45

Maika'i ka makani o Kohala.
素晴らしい　　風　〜の　コハラ
○○○　　　　△△△

訳）コハラの風 は 素晴らしい。

Kaulana 'o Kawaihae i ke kai hāwanawana.
有名な　カヴァイハエ　〜で　海　ささやく
○○○　　△△△　　　　　　　■■■

訳）カヴァイハエ は ささやく海で 有名である。　(Kaulana Kawaihae)

> 上級 WIKI

強調したい情報は、文頭に移動！

動詞を使った文の中で、場所や時間などの付加情報を強調する場合、「強調したいもの」が文頭に来ることがあります。この文型は、歌の中などでもよく見られます。ただし、主語の種類によって主語の位置が変わります。

基本文型

[動詞句] ＋ [主語] ＋ [強調したい情報]

主語が人称代名詞の場合

[強調したい情報] ＋ [主語] ＋ [動詞句] ＋ [強調したい情報]

主語が普通名詞または固有名詞の場合

[強調したい情報] ＋ [動詞句] ＋ [主語] ＋ [強調したい情報]

Track 46

I laila au lā ʻike kiliʻopu. (Kuʻu Ipo I Ka Heʻe Puʻe One)
〜で そこ／付加情報　私／△△△　　知る／〇〇〇　楽しみ／□□□

訳) そこで 私 は 楽しみを 知る。

I laila au e ʻike ai i ka nui lokomaikaʻi. (Kīpū Kai)
〜で そこ／付加情報　私／△△△　　知る／〇〇〇　　〜を 大きい 優しさ／□□□

訳) そこで 私 は 大きな優しさを 知る。(そこで私は手厚いもてなしの心を知る。)

練習問題

A ◆ 次のA~Cのうち、正しいものを選びましょう。

❶ カプアは美しい。　　　　U'i　　　　A) **Kapua**　B) **ka pua**　C) **'o Kapua**　_____

❷ 愛は大きい。　　　　　　Nui　　　　A) **'o Kealoha**　B) **ke aloha**　C) **Kealoha**　_____

❸ 花は黄色い。　　　　　　Melemele　A) **'o Kapua**　B) **ka pua**　C) **Kapua**　_____

❹ レイは美しい。　　　　　Nani　　　A) **Kalei**　B) **'o Kalei**　C) **ka lei**　_____

❺ レフア（の花）は赤い。　'Ula'ula　A) **'o Lehua**　B) **ka lehua**　C) **'o Kalehua**　_____

B ◆ ハワイ語を日本語に訳しましょう。

❶ **Noho 'o Ka'iulani i kēia hale nui.**　_____

❷ **Hele lākou i Lahaina.**　_____

❸ **'Ike kākou iā Mauna Kea.**　_____

❹ **Holoholo kāua i kēia pō.**　_____

❺ **Ho'ohihi ka mana'o iā 'oe.**　_____

C ◆ 日本語をハワイ語に訳しましょう。

❶ 私たち（3人以上・除外）はモアナルアでのフラ・ショーに行きます。

_____

❷ ケオラはこの本をカプアに渡します。

_____

❸ 私たち（3人以上・包括）は家に帰ります。

_____

❹ 彼女は美しく踊ります。

_____

❺ カーヴィカは有名だ。

_____

解答

A) ❶ C　❷ B　❸ B　❹ C　❺ B

B) ❶ カイウラニはこの大きな家に住んでいる。　❷ 彼ら（3人以上）はラハイナに行く。
❸ 私たち（3人以上）はマウナケア山を見る。　❹ 私たち（2人）は今夜散歩をする。　❺ あなたに思いを寄せる。

C) ❶ Hele mākou i ka hō'ike hula ma Moanalua.　❷ Hā'awi aku 'o Keola i kēia puke iā Kapua.　❸ Ho'i kākou i ka hale.
❹ Hula nani 'o ia.　❺ Kaulana 'o Kāwika.

ハワイをもっと知りたい！

ハワイアンソングに使われる表現　Ⅰ

ハワイアンソングには、自然現象や自然の美しさの描写や、人の感情を表す言い回しが多く登場します。そんな表現について、意味や微妙なニュアンスの違いを知り、ハワイアンソングをより深く理解しましょう。

風　makani

- ahe　風がそよそよと吹く
- aheahe　穏やかに吹く（風）
- ani　優しく吹く（風）
- aniani　優しく吹く（風）
- hao a ka makani　風の勢い
- hoene　ざわざわという風の音
- ʻīnikiniki　肌を刺す寒さ
- kolonahe　心地よい風
- makani ʻoluʻolu　順風
- makani pāhili　つむじ風
- māpu　風によって運ばれる
- moani　香りを伴う優しい風
- moaniani　moani の重複語
- pā ka makani　風が吹く

海　kai ／ 波　nalu

- ʻehu kai　波しぶき
- hone a ke kai　波の音
- huna kai　波しぶき
- ʻilikai　海面
- kahakai　海辺
- kahaone　砂浜
- kai hāwanawana　ささやく海
- kai mālie　穏やかな海
- kai koʻo　荒海
- kai malino　波の静かな海
- moana　海洋
- ʻoē a ke kai　波の音
- puʻeone　砂浜

雨　ua ／ 霧　noe

- hau　雪
- ka pae ʻōpua　入道雲
- kēhau　露
- kili nahe　しめやかな雨
- kili noe　霧のような雨
- kilihune　小ぬか雨
- kiliʻohu　霧雨
- kilipohe　花などが雨にぬれた様子
- koʻiawe　移動しながら降る雨
- lelehune　風に吹かれる細かい雨
- lilinoe　細かい霧
- ʻohu　霧、山にかかる薄い雲
- ua koko　虹色の雨
- ua lani pili　豪雨
- ua loku　どしゃ降りの雨
- ua nāulu　にわか雨
- ua noe　霧のような雨
- uhiwai　濃霧

月　mahina ／ 星　hōkū

- Hoku　満月
- hōkū hoʻokele waʻa　シリウス（航海の星）、天狼星
- hōkū keʻa　南十字星
- hōkū leʻa　アルクトゥルス
- hōkū paʻa　北極星
- hōkū welowelo　流れ星
- kōnane　月明かり
- malama　月、月明かり
- Māhealani　十六夜の月

WIKIWIKI Column 13

シダ類　kupukupu

hāpuʻu　ハワイ原産の大形のシダ
kupukupu　タマシダ
lauaʻe　マイレに似た香りを持つシダ
lauaʻe o Makana　マカナのラウアエ
　（カウアイ島マカナは有名なラウアエの生育地）
palai(palapalai)　ハワイ原産のシダ
palaʻā　レースファーン

香り　ʻala

ʻaʻala　香りのよい
ʻala　よい香り
anuhea　涼しく風薫る
halihali ʻala　香りが風に運ばれる
kōaniani ke ʻala　風に漂う香り
kūpaoa　強いジャスミン(pīkake)の香り
kūpaoa ke ʻala　ジャスミンの香りが強くする
māpu mai ke ʻala　風に漂う香り
moani　香りを運ぶそよ風
onaona　甘く優しい香り
puīa　香りが充満した

美しさ　nani

henoheno　愛らしい
huapala　可愛い
maʻemaʻe　魅力的な
māhie　素敵な
maka onaona　美しい顔立ち(目)の
nohea　ハンサムな
piuke　美しい（英語のbeautyが起源）
uʻi　(人が)若く美しい
waiʻolu　魅力ある

山　kuahiwi／mauna

kiʻekiʻe　高い
kuaola　緑におおわれた山
kualono　尾根
uka　高地
uluwehi　緑の茂った

海藻　limu

ʻala ka līpoa　リーポア(海藻の名)の香り高い
kala　褐藻類の海藻(茶色)
kohu　カギケノリ科の海藻(赤茶〜ピンク色)
līpeʻepeʻe　ソゾ属の海藻(赤色)
līpoa　スジヤハズ(黄色〜茶色)
līpalu　アオサに似た柔らかい海藻(緑色)
onaona līpoa　リーポアが香る
paheʻe　褐藻類の海藻(緑色)

感情(愛情)　naʻau

ʻanoʻi　恋しく思う
ʻanoʻi pua　恋人
haliʻa　懐かしい思い出
hāʻupu　回想する
hoʻoheno　大切にする
hoʻoipo[ipo]　愛の営み
hoʻomanaʻo　思い出、思い出す
hoʻonipo　恋しく思う
ʻiʻini　欲望
ipo lauaʻe　恋人
kiliʻopu　楽しみ
konikoni i ka puʻuwai　心が震える(思い)
konikoni lua　愛の苦しみ
maʻeʻele　しびれるような強い愛
makemake　切望
punahele　お気に入りの
ʻupu　よみがえる思い

レッスン5 | Ua … ／ Ke … nei ／ E … ana
時制を表す文「○○○した／している／するだろう。」

ハワイ語の動詞は、日本語のように動詞「咲く」が過去形では「咲いた」となるような活用はありません。過去、現在、未来などの時制や命令・勧誘などは、動詞自体は形を変えず、動詞マーカーと呼ばれる語を動詞に伴って表します。

WIKIWIKI 57
過去を表すUa

Ua ＋ ○○○（動詞）＋ △△△（主語）. ＝ △△△は○○○した（ずっと○○○の状態である）。

point 過去の出来事や事柄を表す。動詞が状態動詞の場合、単に「過去の事柄」を指すのではなく、「過去から現在まで継続している状態」を描写する。

Track 47

Ua hoʻokani ʻo Kealiʻi i kēnā ʻukulele.
（演奏する）（ケアリイ）（～を その）（ウクレレ）
○○○　　　△△△　　　　　　□□□

訳）ケアリイ は そのウクレレを 弾いた。

Ua nani ʻo Nuʻuanu i ka lau o ke kāwelu.
（美しい）（ヌウアヌ）（～で 葉 ～の カーヴェル）
○○○　　△△△　　　　　　□□□

訳）ヌウアヌ は カーヴェル(草の名)の葉で 美しい。 (Ua Nani ʻO Nuʻuanu)

過去から現在にいたるまで続く美しさを歌っています。
「lau」という語は、「葉」という意味の他に、「たくさんの」という意味もあるため、
「たくさんのカーヴェルによって美しい」という解釈も出来、同音異義語を用いた言葉遊びになっています。

wikimoani 雨を意味するua（名）との混同に注意！

過去形を表すUaは文頭に置かれ、次に動詞が来ます。文中に来る場合は ua は i に変化します。一方、雨を表すuaは普通名詞であるため、通常he、ka、nāなどの名詞マーカーの後に置かれます。歌などでは、雨を意味するuaが文頭に来る場合もありますが、動詞の文型をしっかりと理解し、uaの次に来るのが動詞であるかを見極めましょう。

WIKIWIKI 58
現在を表すKe … nei

$$\text{Ke} + \underset{\text{動詞}}{\bigcirc\bigcirc\bigcirc} + \text{nei} + \underset{\text{主語}}{\triangle\triangle\triangle}. = \triangle\triangle\triangle は \bigcirc\bigcirc\bigcirc している。$$

point 現在進行中の行為や状態を表す。状態動詞（ものごとの継続状態を表す）には、この形は使われない。

Track 48

Ke pi'i nei māua 'o Kaleimomi i ka pali.
　　登る　　　私たち　　カレイモミ　　〜を　崖
　○○○　　　△△△　　　　　　　　　□□□

訳）私たち2人（＝カレイモミと私）は崖を登っている。

人称代名詞 **māua**（聞き手を含まない「私たち2人」）を使う時、
māua に含まれるもう1人が誰なのかを明確にするには、「**māua 'o** …」と表します。

Ke kali nei i ka leo. (Sanoe)
　待つ　　〜を　声
　○○○　　　□□□

訳）声を待っている。

この文では、**nei** の後に置かれる主語（声を待っている人）が省略されています。

WIKIWIKI 59
未来を表す E … ana

$$\text{E} + \underset{\text{動詞}}{\bigcirc\bigcirc\bigcirc} + \text{ana} + \underset{\text{主語}}{\triangle\triangle\triangle}. = \triangle\triangle\triangle は\bigcirc\bigcirc\bigcirc するだろう。$$

point 未来(これから先)に起こることを表す。ana のみで使われる場合もあり、これは主に近未来を指す。動詞に方向指示詞(mai、aku、a'e、iho)がつく場合はanaの前に置かれる。

Track 49

<ruby>飛ぶ</ruby> <ruby>鳥</ruby> <ruby>オーオー</ruby> <ruby>〜を</ruby> <ruby>空</ruby>
E lele ana ka manu ʻōʻō i ka lewa.
　○○○　　　　△△△　　　□□□

訳)オーオー(鳥)は 空を 飛ぶだろう。

<ruby>待つ</ruby> <ruby>〜を</ruby> <ruby>あなたの</ruby> <ruby>帰り</ruby> <ruby>こちらへ</ruby>
E kali ana i kou hoʻi mai. (Pua Līlīlehua)
　○○○　　　　　□□□

訳)あなたの帰りを 待つでしょう。

WIKIWIKI 60
勧誘や命令を表すE

$$\boxed{\text{E} + \underset{\text{動詞}}{\bigcirc\bigcirc\bigcirc} + \underset{\text{主語}}{\triangle\triangle\triangle}. = \bigcirc\bigcirc\bigcirc しよう（しなさい）。}$$

point 勧誘や指示、命令を表す。この文型は、一人称または二人称に対してのみ使われるため、主語を省く場合がある。

Track 50

E pule kākou.【勧誘】
 ○○○（祈る） △△△（私たち）

訳）さぁ、私たちは 祈りましょう。（祈りましょう。）

話し手（私）も含め、そこにいるみんなに呼びかけています。

E huli mākou. (E Huli Mākou)【勧誘】
 ○○○（〜へ向く） △△△（私たち）

訳）さぁ、私たちは 振り返りましょう。（さぁ、振り返りましょう。）

E noho i lalo. E kū i luna.【指示・命令】
 ○○○（座る） 〜へ 下　　○○○（立つ） 〜へ 上

訳）下へ 座りなさい。上へ 立ちなさい。（座りなさい。立ち上がりなさい。）

E hoʻi mai ʻoe. (Poliʻahu)【命令】
 ○○○（戻る） こちらへ △△△（あなた）

訳）あなた は こちらへ戻ってきなさい。（私のところへ戻ってきて。）

wikimoani Eとēの違いって？

歌やチャントなどでよく見られる、"E…ē"のēは、呼びかけの表現で使われる最初のEを強調しています。

| **E Pele ē.** おおペレよ。 | **E ala ē.** 目覚めよ。 | **E hoʻi ē.** 戻りなさい。 |

WIKIWIKI 61
禁止を表す Mai

$$\text{Mai} + \underset{動詞}{○○○} + \underset{主語}{△△△}. = (△△△は)○○○してはならない。$$

point　禁止を表す。この場合も、主語が省略されることがある。

Track 51

　　　　忘れる　あなた　私を
　　Mai poina 'oe ia'u.
　　　　○○○　△△△　□□□

訳）あなた は 私を 忘れてはならない。(私を忘れないで。)

　　　からかう　こちらを　あなた
　　Mai none mai 'oe . (He U'i)
　　　　○○○　　△△△

訳）あなた は こちらをからかってはいけない。(私をからかわないで。)

練習問題

A ◆ 下の動詞マーカーを参考に、日本語をハワイ語に訳してみましょう。

> 動詞マーカー
> e ／ e…ana ／ ke…nei ／ mai ／ ua

❶ あなたはワイキキへ行きました。　_____

❷ 私は魚を食べています。　_____

❸ 彼ら(3人以上)はこの家に来るでしょう。　_____

❹ カヌーを漕ぎなさい。　_____

❺ そこへ行ってはいけません。　_____

練習問題

B ◆ ❶〜❿のハワイ語に対応する、正しい日本語訳を ⓐ〜ⓙ の中から見つけましょう。

❶ Mai noho ʻoe ma ʻō. _____

❷ Ua maikaʻi kona lole ʻōmaʻomaʻo. _____

❸ E hula ana kēia mau keiki ma ka hoʻokūkū hula. _____

❹ Ua nani kuʻu ʻāina hānau. _____

❺ Ke hīmeni nei māua ʻo Nālani i kāna mele. _____

❻ E lawe mai ana ke kumu i kāna ʻukulele. _____

❼ Ua mōhala mai ka pua lehua. _____

❽ Ke hoʻolohe nei nā haumāna i ke kumu. _____

❾ E hele ʻoukou i laila. _____

❿ Ke kali nei ʻo Makana i kona hoaaloha. _____

ⓐ 私の故郷は美しい。

ⓑ レフアの花が咲きました。

ⓒ そこへ行きなさい。

ⓓ そこに座ってはいけません。

ⓔ この子どもたちはフラコンペティションで踊ります。

ⓕ 先生は彼／彼女のウクレレを持ってくるでしょう。

ⓖ マカナは彼／彼女の友だちを待っています。

ⓗ 彼／彼女の緑色の服は素敵でした。

ⓘ ナーラニと私は彼／彼女の歌を歌っています。

ⓙ 生徒たちは先生の話を聞いています。

解答

A) ❶ Ua hele ʻoe i Waikīkī.　❷ Ke ʻai nei au i ka iʻa.　❸ E hele mai ana lākou i kēia hale.　❹ E hoe ʻoe i ka waʻa.
❺ Mai hele aku ʻoe i laila.

B) ❶ - ⓓ　❷ - ⓗ　❸ - ⓔ　❹ - ⓐ　❺ - ⓘ　❻ - ⓕ　❼ - ⓑ　❽ - ⓙ　❾ - ⓒ　❿ - ⓖ

ハワイアンソングに使われる表現　II

慣用表現

ハワイアンソングやチャントには、よく使われる決まり文句があります。これらは、単語一語の意味を辞書で調べても、全体の意味を知ることは難しい慣用表現です。慣用表現の正しい意味を学ぶと、歌への理解がもっと深くなるでしょう。

… a pau　…すべて
'akahi nō ／ 'akahi ho'i　（生まれて）はじめて
e like me … ／ ua like me …
　　…に似ている、…のようだ
e ō mai　答えてくれ
hale ipu kukui　灯台
he mea ma'amau　いつものこと、お決まりのこと
hemolele i ka mālie　穏やかさでは完璧な
helu 'ekahi　一番
ho'i mai kāua e pili
　　（あなたと私）そばに戻ってきましょう、また会いましょう
ho'okahi ka mana'o　思いはひとつだ
ho'okipa malihini　新来者を歓待する
ho'olale mai　駆り立てる
'ike maka　（肉眼で）見る
ka heke nō　至高の
kaulana i ka …　…で有名な
kaulana kou inoa　あなたの名前は有名だ
kau i ka wēkiu　高地に置かれる、とても名誉のある
ke ano ahiahi　夜間
ke 'ike aku　いつ見ても
ke one kaulana　有名な地
keu a ka ／ ke …　…の中で最も
kōnane a ka mahina　月の光
kū kilakila　堂々とそびえ立つ
kui a lei　花に糸を通してレイにする
kulu aumoe　真夜中

kūmaka ka 'ikena …　すべての目が…に注がれる
ku'u one hānau　私の生まれ故郷
laha 'ole　唯一の
lana mālie　ゆったりと浮かぶ
launa 'ole　無類の、比較にならない
like a like　まさに同じ
lua 'ole　他に匹敵するものがない、無類の
ma ku'u poli mai　私の腕の中に
mae 'ole　しぼむことのない（永遠の）
mau loa　永遠
maka onaona　美しい顔（目）
me he ala e 'ī …　…と言っているようだ
me he … lā　まるで…のようだ
mea 'ole　取るにたらない
nā … like 'ole　様々な…、多種多様な…
nani wale　とても美しい
no nā kau ā kau　永遠に
nō ka oi　一番
noho [kau] mai i luna
　　高いところに置かれる、そびえる
onaona ka maka　顔（目）が美しい
'o 'oe nō …　まさにあなたが…
palena 'ole　無限の
poina 'ole　忘れがたい
…wale nō　…だけ
wili 'ia me …　…と絡み合う

WIKIWIKI Column 14

類語／同義語

日本語の「話す」という言葉にも、文語と口語、あるいは「言う」「語る」「しゃべる」など、多くの類語が存在するように、ハワイ語にも類語はたくさん存在します。また、日本語の「本」と「書物」や「道」と「道路」など、同じ意味を持つ同義語がハワイ語にも多く見られます。これらの類語や同義語に注目してみましょう。

名詞	kuahiwi 山	kualono 尾根	mauna 山	uka 山側
	kama 子ども	keiki 子ども		
	kai 海	moana 海洋		
	hale 家(建物)	home 家(家庭)		
	mahina 月	malama 月		
	ʻailana 島(英語islandが起源)	mokupuni 島		
	ʻauwai 水路	kahawai 小川	muliwai 川	
	ʻanoʻi 切望・憧れ	ʻiʻini 切望	liʻa 強い欲望	makemake 欲望・願望
	aloha 挨拶	ʻanoʻai 挨拶	welina 挨拶	
	aikāne 友だち	hoa 仲間・友だち	makamaka 親友	
	lāhui 民族	lehulehu 住民	poʻe 人々	
	laila そこ(知った場所)	ō そこ(見える場所)		
動詞	ʻalawa ちらっと見る	ʻike 見る	kilohi 見つめる	nānā 注視する
	anu 少し寒い	anuanu 寒い	huʻihuʻi ひんやりとした	koʻekoʻe 涼しい
	hūnā 隠す	peʻe 隠れる		
	alawiki 急ぐ	ʻāwiki 敏速に	ʻāwīwī 速く、急ぐ	wikiwiki 速い
	hoʻolohe 聞く	hoʻolono 聞く	lohe 聞こえる	lono ニュース
	mālama 大事にする	pūlama 大切にする		
	ʻako 摘み取る	ʻohi 摘む	ʻoki (髪などを)切る	
	punahele 大好きな	puni お気に入りの		
	huli 探す・振り返る	ʻimi 捜す		
	hiki 着く	hōʻea 到着する		
	nani 美しい	piuke 美しい	uʻi 若く美しい	
	hāmama 開いた	makala 開花した	mōhala 開花した	wehe 開ける
	mae (花などが)しぼんだ	paʻa 閉じた	pani 閉める	

'ia … e

レッスン6　受け身を表す文「○○○される。」

ハワイ語には、「受け身形（受動態）」を用いた表現が多く見られます。これは、動作を行う「動作主」よりも、その動作や行為、または作用を受けるものに焦点を合わせて「ものごとの状態」を表す場合に用いられる表現で、状態動詞と同じく、ハワイアンソングなどにも頻出します。

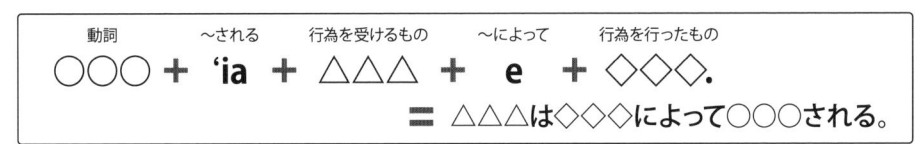

WIKIWIKI 62
受け身を表す基本の形

```
  動詞      ～される　行為を受けるもの　～によって　行為を行ったもの
  ○○○  ＋  'ia  ＋  △△△  ＋  e  ＋  ◇◇◇.
        ＝  △△△は◇◇◇によって○○○される。
```

point　行為を受ける対象を主語にする文型（受動態）。日本語では「～れる」「～される」「～られる」などと訳す。また、行為を行ったもの（e以下）が省略されることがある。

Track 52

世話をする　～される　子ども　～によって　彼／彼女の　お母さん
Pūlama 'ia ke keiki e kona māmā.
　○○○　　　　　△△△　　　　　◇◇◇

訳）子ども は お母さんによって 世話をされる。

素晴らしい　　　風　　　～の　コハラ　　知る　～される　～によって　イヌヴァイ
Maika'i ka makani o Kohala 'ike 'ia e ka Inuwai.
　　　　　　△△△　　　　　　○○○　　◇◇◇

訳）イヌヴァイとして 知られる コハラの風 は素晴らしい。（Maika'i Ka Makani O Kohala）

'ike以下の部分が受け身の文型で、前半の付加情報として、「コハラの風」について説明しています。

巻きつける　～される　～と　マイレ　葉　小さい
Wili 'ia me ka maile lau li'ili'i. （Aloha Kaua'i）
　○○○　　　　　　◇◇◇

訳）葉の小さいマイレと 巻きつけられる。

「～とともに」を意味する **me** によって、モキハナがマイレに巻きつけられていることを描写しています。「誰が巻きつけたか」より、「巻きつけられている状況」に焦点を当てたため、行為を行ったものを表す **e** 以下が省略されています。

‘iaが短縮されて動詞の一部になる場合も！

受け身で使われる‘iaは、動詞と結びついて接尾語となる場合があり、結びついた語は受け身の動詞となります。

動詞（V）＋ ‘ia ＝ V＋a

mili（そっとなでる）＋ ‘ia（される）＝ milia（そっとなでられる）
wili（巻きつける）＋ ‘ia（される）＝ wilia（巻きつけられる）

Ka lehua i milia e ka ua noe. (Ka Lehua I Milia)
訳）霧雨にそっとなでられたレフアの花。

▶上級 WIKI

「Loa‘aタイプ」と呼ばれる動詞を使った文

loa‘a（得られる）、maopopo（理解される）、hiki（可能である）、lilo（なくなる／〜のものになる）などの動詞は、受動的要素を持つ状態動詞として、主語は常に「その行為を受けたもの」となります。これらの文章では、i（人称代名詞または固有名詞の場合はiā）以下が「その状況が起こった原因、その状況を起こした人」を表します。日本語に直訳すると不自然ですが、このような表現方法はポリネシアの言語では多く見られます。

Track 53

maopopo 理解される

　　　　　　　　私に　　　言語　　ハワイの
Maopopo ia‘u ka ‘ōlelo Hawai‘i.
　○○○　　◇◇◇　　△△△

訳）ハワイ語 は 私に 理解される。（私はハワイ語がわかる。）

ia‘u は、**iā au** が変化した形。

lilo なくなる／〜のものになる

未来形 未来形 あなた　私に
E lilo ana ‘oe ia‘u . (‘Ā ‘Oia)
　　　○○○　△△△ ◇◇◇

訳）あなた は 私に ものにされるだろう。（あなたは私のものになるだろう。）

ia‘u は、**iā au** が変化した形。これは、**ia‘u** の部分が文末に移動したパターン。

hiki 可能である／〜が出来る

　　　　　　見る　〜によって　　首長　　　真実
Hiki ke ‘ike i ke ali‘i ka ‘oia‘i‘o.
　　○○○　　　◇◇◇　　　△△△

訳）真実は 首長によって 見られることが出来る。（首長は真実を知ることが出来る。）

hiki の直後には動詞が入り、その間に必ず **ke** を置く。

練習問題

A ◆ ❶〜❺のハワイ語に対応する、正しい日本語訳を@〜⑨の中から見つけましょう。

❶ Hoʻoulu ʻia nā pua nani e kākou. ＿＿＿

❷ ʻOhi ʻia ka lauaʻe e Leilani. ＿＿＿

❸ Ua hāʻawi ʻia ka makana i kāna wahine. ＿＿＿

❹ Ke holoi ʻia nei koʻu lauoho e aʻu. ＿＿＿

❺ Ua kōkua ʻia mākou e lākou. ＿＿＿

ⓐ フウアエはレイラニによって摘まれる。

ⓑ 私たち（3人以上）は彼ら（3人以上）に助けられた。

ⓒ 贈り物は彼の妻に渡された。

ⓓ 美しい花々は私たち（3人以上）に育てられる。

ⓔ 私の髪は私によって洗われる。

B ◆ 受け身の文を日本語に訳してみましょう。

❶ Ua lohe ʻia ka nūhou.

＿＿＿＿＿＿＿＿＿＿＿＿＿＿＿＿＿＿＿＿＿＿＿＿＿＿

❷ Aloha ʻIa ʻO Waiʻanae. (曲名)

＿＿＿＿＿＿＿＿＿＿＿＿＿＿＿＿＿＿＿＿＿＿＿＿＿＿

❸ Ua haku ʻia kēia mele kaulana e Liliʻu.

＿＿＿＿＿＿＿＿＿＿＿＿＿＿＿＿＿＿＿＿＿＿＿＿＿＿

❹ E hana hou ʻia ana kēlā mele.

＿＿＿＿＿＿＿＿＿＿＿＿＿＿＿＿＿＿＿＿＿＿＿＿＿＿

❺ Kui ʻia nā pua melia melemele e ke kumu.

＿＿＿＿＿＿＿＿＿＿＿＿＿＿＿＿＿＿＿＿＿＿＿＿＿＿

解答

A) ❶-ⓓ　❷-ⓐ　❸-ⓒ　❹-ⓔ　❺-ⓑ

B) ❶ ニュースは聞かれた。　❷ 愛されるワイアナエ（オアフ島の地名）。　❸ この有名な曲はリリウによって作られた。　❹ あの曲は再び演奏されるでしょう。　❺ 黄色いプルメリアの花々は先生によってレイに作られる。

ハワイをもっと知りたい！　　　WIKIWIKI Column 15

ウーニキ（卒業）という儀式

フラにはウーニキ（ʻūniki）と呼ばれる3段階の卒業の儀式があり、1つ1つの段階を踏むことによって、最後はハーラウの指導者であるクム・フラとなります。ハーラウの生徒は長い修練ののち、第一にダンサー（ʻōlapa）、第二にチャンター（hoʻopaʻa）、そして最後に指導者（kumu）としての卒業を迎えます。また、フラの修了の儀式には、フエレポ（huʻelepo）とアイロロ（ailolo）という2種類の儀式があります。ハーラウ・フラの中でのそれぞれの役割と、卒業について知ることによって、ハワイ文化としてのフラへの理解を深めましょう。

ウーニキ

1. オーラパ（ʻōlapa）
「ダンサー」を意味するこの語は、もともと同名の木の名前に由来します。オーラパの木の葉の揺れる姿がフラダンサーの動きに似ていたことから、そう呼ばれるようになりました。修練を積んだダンサーが、まず最初にオーラパとしての卒業を迎えます。

2. ホオパア（hoʻopaʻa）
「記憶する」という意味を持つこの言葉は、ダンサーのためにイプヘケなどで拍子をきざみ、文字通り「記憶した」チャントを唱えます。チャントはそれだけで成立するのに対し、踊りはホオパアなしでは成り立たないため、その役割はとても重要であることがことわざにもなっています。オーラパを卒業したダンサーが次に目指すのがホオパアです。

3. クム（kumu）
この言葉は「先生」の他に「基盤」「基礎」「根源」など様々な意味を持ち、クムはハーラウを築くまさに「いしずえ」なのです。オーラパを卒業し、ホオパアとしても修練を積んだダンサーが、クムフラとして卒業することによって、はじめてダンサーから指導者へ昇格します。

ウーニキの儀式

1）フエレポ（huʻelepo）
正午に屋外で行われる卒業の儀式。「ほこりを巻き上げる」という意味の語は、儀式が屋外で行われたことから。

2）アイロロ（ailolo）
「脳みそを食べる」という意味を持つこの儀式は、歌や踊りなどが盛り込まれ、夜通し行われる儀式。儀式の中心となるアイロロのために、黒豚の子が奉納される。卒業を迎える者は、イムと呼ばれる地中オーブンで調理された子豚の鼻・耳・尾・足など、フラダンサーにとって重要な部位を食べ、最後に脳みそ（lolo）を食べる（ʻai）ことによって卒業の儀式が正式に終了する。

ハワイのことわざ ʻŌlelo Noʻeau

Ua aʻo a ua ʻailolo.

脳みそを食べるまで習練を積む。〔アイロロの儀式を終え、その道のエキスパートとなること〕

レッスン7 　‘A‘ole … ／ ‘A‘ohe … ／ … ‘ole
否定を表す文「○○○ではない。」

ハワイ語の否定文には、「‘A‘ole」「‘A‘ohe」「‘ole」という3つの目印があります。他の文型でも見られるルールですが、否定文の語順は主語が人称代名詞・名詞・固有名詞のいずれであるかによって変化します。これらの変化には一定のルールがあるので、それらをしっかりと把握しましょう。

WIKIWIKI 63
等式文の否定形

1）‘O 等式文の否定形

肯定文　‘O ○○○ ＋ △△△（主語）． ＝ △△△は○○○です。

否定文　➡　‘A‘ole ＋ ‘o ○○○ ＋ △△△（主語）． ＝ △△△は○○○ではない。

point 　肯定文の文頭に、否定を表す語 ‘A‘ole がつくだけ。主語の種類による語順の変更はない。

‘O Moani（モアニ）ko‘u（私の）inoa（名前）.　訳）私の名前 は モアニ です。
　　○○○　　　　△△△

　➡　‘A‘ole ‘o Moani ko‘u inoa.　訳）私の名前 は モアニ では ない 。
　　　　　　　○○○　　　△△△

2）He 等式文の否定形

肯定文　He ○○○ ＋ △△△（主語）． ＝ △△△は○○○です。

否定文　➡　‘A‘ole ＋ △△△（主語）＋ he ○○○． ＝ △△△は○○○ではない。

point 　文頭に否定を表す語 ‘A‘ole がつき、肯定文と語順が逆になる。主語の種類による語順の変更はない。

He haumana（生徒）au（私）．　訳）私 は 生徒 です。
　　○○○　　　　△△△

　➡　‘A‘ole au he haumana.　訳）私 は 生徒 では ない 。
　　　　　　△△△　○○○

WIKIWIKI 64
所有を表す文の否定形

1) 主語が人称代名詞の場合

肯定文
He ○○○（所有するもの）＋ △△△（K所有格代名詞）. ＝ △△△は○○○を持っている。

否定文 ➡
'A'ohe ＋ △△△（Kなし所有格代名詞）（所有者） ＋ ○○○（所有するもの）.
＝ △△△は○○○を持っていない。

point 文頭に否定の語 'A'ohe をつけ、K所有格代名詞の代わりに「Kなし所有格代名詞」(P.75)を否定語の直後に置く。

Track 54

He ipo aloha kāna. 訳)彼女 は 愛する恋人 を 持っている。
　○○○　△△△
（恋人　愛する　K所有格）

➡ 'A'ohe āna ipo aloha. (Poli'ahu)
　　　　△△△　○○○
（Kなし所有格）

訳)彼女は 愛する恋人 を 持って いない 。（彼女には愛する恋人がいない。）

2) 主語が普通名詞・固有名詞の場合

肯定文
He ○○○（所有するもの）＋ ko あるいは kā ＋ △△△（所有者）. ＝ △△△は○○○を持っている。

否定文 ➡
'A'ohe ＋ ○○○（所有するもの）＋ o あるいは a ＋ △△△（所有者）.
＝ △△△は○○○を持っていない。

point 肯定文の文型のまま、文頭に否定を表す語 'A'ohe がつき、K所有格代名詞の代わりに o または a を所有者の前に置く。

He puke kā ka haumana. 訳)生徒 は 本 を 持っている。
　○○○　△△△
（本　K所有格　生徒）

➡ 'A'ohe puke a ka haumana. 訳)生徒 は 本 を 持って いない 。
　　　　○○○　　△△△

WIKIWIKI 65
位置を表す文の否定形

肯定文　Aia △△△ ＋ i／ma ＋ ■■■.　＝ △△△は■■■にいる（ある）。
（主語）　　　（〜に）　　　（場所）

否定文　'A'ole ＋ △△△ ＋ i／ma ＋ ■■■.
➡　　　　　　（主語）　　　（〜に）　　　（場所）
　　　　　＝ △△△は■■■にいない（ない）。

point　Aiaの代わりに文頭に否定語'A'oleがつく。Eiaで始まる肯定文は、その多くが慣用表現として使われるため、否定形にはならない。

Track 55

Aia au i loko o ka hale.　訳）私は家の中にいる。
　△△△　　　　■■■
（いる）（私）（〜に）（中）（〜の）（家）

➡ 'A'ole au i loko o ka hale.　訳）私は家の中にいない。
　　　　△△△　　　　■■■

WIKIWIKI 66
動詞を使った文の否定形
1）主語が人称代名詞の場合

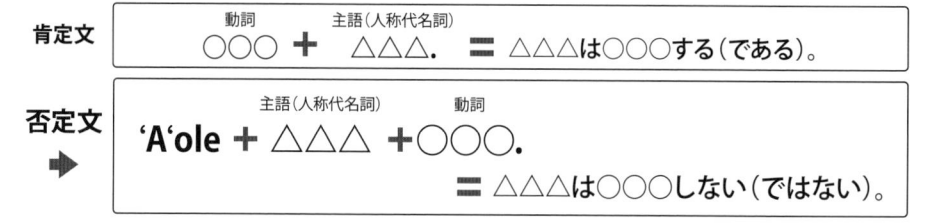

肯定文　○○○ ＋ △△△.　＝ △△△は○○○する（である）。
（動詞）　（主語（人称代名詞））

否定文　'A'ole ＋ △△△ ＋○○○.
➡　　　　　（主語（人称代名詞））　（動詞）
　　　　　＝ △△△は○○○しない（ではない）。

point　文頭に否定の語'A'oleをつけ、その直後に主語（人称代名詞）が移動する。

Track 56

'Auana hou au.　訳）私は再びさまようだろう。
　○○○　　△△△
（さまよう）（再び）（私）

➡ 'A'ole au e 'auana hou. (He Hawai'i Au)
　　　　△△△　　　○○○

訳）私は再びさまよわないだろう。

否定文ではto不定詞のようにeが動詞の前につくことがある。

2）主語が普通名詞・固有名詞の場合

肯定文	動詞　　　主語（普通名詞・固有名詞） ○○○ ＋ △△△． ＝ △△△は○○○する（である）。
否定文 ➡	動詞　　　主語（普通名詞・固有名詞） 'A'ole ＋ ○○○ ＋ △△△． 　　　　　　　　＝ △△△は○○○しない（ではない）。

point もとの肯定文の文型のまま、文頭に否定を表す語'A'oleがつくだけ。

Track 57

　　　　　いい香り　その　花　白い
Onaona kēnā pua ke'oke'o. 訳）その白い花 は いい香りだ。
　　○○○　　△△△

➡ **'A'ole** onaona kēnā pua ke'oke'o.
　　　　　　○○○　　　△△△

訳）その白い花 は いい香り ではない 。

　　　　　　2番め　似た　～と あなた
'A'ohe lua e like ai me 'oe. (I Kona)
　　　　　△△△

訳）あなたと似た2番め は ない 。（あなたのような人は他にはいない。）

慣用表現 'A'ohe lua ＝ 他にはない。

　　　　　（強調）　2番め　　似た　あちら　～と　コナ　海　雲
'A'ole nō 'elua a'e like aku ai me Kona kai 'ōpua.
　　　　　　　　　　△△△
　　　　　　　　　　　　　　　　　　　　　　(Kona Kai 'Ōpua)

訳）雲が映るコナの海に似た2番め は 決して ない 。
（雲が映るコナの海のような場所は他にはない。）

慣用表現 'A'ole 'elua a'e like aku ai me … ＝ …に似たものは他にない。

WIKIWIKI 67
時制を表す文の否定形

肯定文　時制を表す動詞マーカー & ○○○ ＋ △△△. ＝ △△△は○○○した／している／するだろう。
　　　　　　　　　　　動詞　　　　　　主語

1）主語が人称代名詞の場合

否定文 ➡ 'A'ole ＋ △△△ ＋ 変化した動詞マーカー&○○○.
　　　　　　　　主語（人称代名詞）　　　　　　　　　　動詞
　　　　＝ △△△は○○○しなかった／していない／しないだろう。

2）主語が普通名詞・固有名詞の場合

否定文 ➡ 'A'ole ＋ 変化した動詞マーカー&○○○ ＋ △△△.
　　　　　　　　　　　　　　　　　　　動詞　　主語（普通名詞・固有名詞）
　　　　＝ △△△は○○○しなかった／していない／しないだろう。

point 文頭に否定語'A'oleがつき、主語が人称代名詞の場合は、動詞マーカーの直後に主語の人称代名詞が移動する。主語が普通名詞・固有名詞の場合は、文頭に否定の語'A'oleがつくだけ。ただし、動詞マーカーは以下のように変化する。

動詞マーカーの変化表

	〔肯定文の場合〕	〔否定文、または文中に来る場合〕
過去形	Ua 動詞	i 動詞
現在進行形	Ke 動詞 nei	e 動詞 nei
未来形	E 動詞 ana	e 動詞 ana（変化なし）

1）過去形Uaを使った文の否定形

Track 58

　　　置いた　正しく　　羅針　〜に あなたの 中心
Ua kau pono ka newa i ko piko.
　○○○　　　△△△

訳）羅針は あなたの中心（北）に 正しく置かれた。

➡ **'A'ole** i kau pono ka newa i ko piko. ('Ālika)
　　　　　○○○　　　△△△

訳）羅針は あなたの中心（北）に 正しく置かれ なかった 。
　（羅針は正しく北を向いていなかった。）

2）現在進行形 Ke … nei を使った文の否定形

Track 59

歌う　　　　　　彼／彼女ら　～を　あの　　歌　　有名な　　～で　ハワイ
Ke hīmeni nei lākou i kēlā mele kaulana ma Hawaiʻi.
　　〇〇〇　　　　△△△

訳）彼／彼女ら は ハワイで有名なあの歌を 歌っている。

➡ **ʻAʻole** | **lākou e hīmeni nei**
　　　　　　△△△　　　　〇〇〇

i kēlā mele kaulana ma Hawaiʻi.

訳）彼／彼女ら は ハワイで有名なあの歌を 歌って いません 。

住む　　　　私　～に　ワイキキ
Ke noho nei au ma Waikīkī.
　〇〇〇　　　△△△

訳）私 は ワイキキに 住んでいる。

➡ **ʻAʻole** | **au** e noho nei ma Waikīkī.
　　　　　　△△△　　〇〇〇

訳）私 は ワイキキに 住んで いません 。

3）未来形 E … ana を使った文の否定形

Track 60

慣れる　　　　あなたたち ～に　この　チャント　難しい
E maʻa ana ʻoukou i kēia oli paʻakikī.
　〇〇〇

訳）あなたたち は この難しいチャントに 慣れるでしょう。

➡ **ʻAʻole** | **ʻoukou e maʻa ana i kēia oli paʻakikī.**
　　　　　△△△　　　〇〇〇

訳）あなたたち は この難しいチャントに 慣れ ない でしょう。

散歩をする　　　　私たち　～に　この　夜
E holoholo ana kāua i kēia pō.
　　〇〇〇　　　　　△△△

訳）私たち は 今夜 散歩をするでしょう。

➡ **ʻAʻole** | **kāua e holoholo ana i kēia pō.**
　　　　　△△△　　　〇〇〇

訳）私たち は 今夜 散歩を しない でしょう。

WIKIWIKI 68
受け身の文の否定形

肯定文： 動詞○○○ + ‘ia + 行為を受けるもの△△△ + ～によって e + 行為を行ったもの◇◇◇． = △△△は◇◇◇によって○○○される。

1）主語が人称代名詞の場合

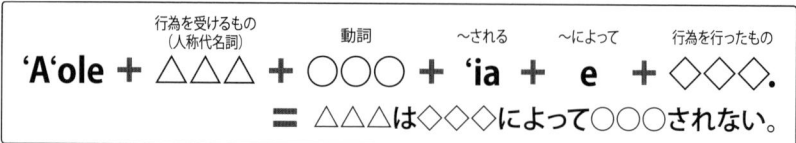

否定文 ➡ ‘A‘ole + △△△（行為を受けるもの／人称代名詞） + ○○○（動詞） + ‘ia（～される） + e（～によって） + ◇◇◇（行為を行ったもの）．
= △△△は◇◇◇によって○○○されない。

2）主語が普通名詞・固有名詞の場合

否定文 ➡ ‘A‘ole + ○○○（動詞） + ‘ia（～される） + △△△（行為を受けるもの／普通名詞・固有名詞） + e（～によって） + ◇◇◇（行為を行ったもの）．
= △△△は◇◇◇によって○○○されない。

point 文頭に否定語‘A‘oleがつき、主語が人称代名詞の場合のみ、その直後に主語の人称代名詞が移動する。主語が普通名詞・固有名詞の場合は、文頭に否定の語‘A‘oleがつくだけ。

Track 61

話す　　私たち　～で　言語　ハワイの　　　　　　ある　地元民
‘Ōlelo ‘ia mākou i ka ‘ōlelo Hawai‘i e kekahi kama‘āina.
○○○　　　△△△　　　　　　　　　　　　　　　　　◇◇◇

訳）私たち は ある地元民によって ハワイ語で 話される。

➡ **‘A‘ole** mākou ‘ōlelo ‘ia i ka ‘ōlelo Hawai‘i
　　　　　△△△　○○○

e kekahi kama‘āina.
　　◇◇◇

訳）私たち は ある地元民によって ハワイ語で 話され ません 。
（地元の人たちは私たちにハワイ語では話しません。）

忘れる　彼／彼女　　人々
Poina ‘ia ‘o ia e ka lehulehu.
○○○　　　△△△　　　◇◇◇

訳）彼／彼女 は 人々によって 忘れられる。

➡ **‘A‘ole** ‘o ia poina ‘ia e ka lehulehu.
　　　　　△△△　○○○　　　◇◇◇

訳）彼／彼女 は 人々によって 忘れられ ない 。（人々は彼／彼女を忘れない。）

Track 62

(過去形) 信じる　　ある　池　〜の　アレコキ
Ua piliwi ʻia kahi wai aʻo ʻAlekoki.
　○○○　　　　△△△

訳) アレコキの池 は 信じられた。

➡ ‘Aʻole i piliwi ʻia kahi wai aʻo ʻAlekoki. (ʻAlekoki)
　　　　(過去形)
　　　　　　　○○○　　　　△△△

訳) アレコキの池 は 信じられ なかった 。(信じがたい美しさなのは、アレコキの池。)

「〜によって」にあたる e 以下は省略されています。

WIKIWIKI 69

直前の単語だけを否定する語 ʻole

…ʻole ＝ …でない

point ʻAʻole が文全体を否定するのに対し、ʻole は、直前に置かれた語だけを否定する。

Track 63

(不定冠詞) 花　忘れる　　　子ども
He pua poina ʻole ke keiki. (ハワイのことわざ)

訳) 子どもは 忘れられ ない 花である。(子どもとは、忘れがたい花のようである。)

私の　花　しぼむ
Kuʻu Pua Mae ʻOle (曲名)

訳) しぼむことの ない 私の花

練習問題

◆ ハワイ語の否定文を日本語に訳しましょう。

〔等式文〕
❶ 'A'ole 'o Ku'uleialoha kona inoa.

❷ 'A'ole kēia lei nani he lokelani.

〔所有を表す文〕
❸ 'A'ohe a'u pua melia melemele.

❹ 'A'ohe ona pā'ū.

❺ 'A'ohe pū'ili a kēlā kanaka.

〔存在を表す文〕
❻ 'A'ole ('A'ohe) kuahiwi nani i laila.

〔動詞を使った文〕
❼ 'A'ole ke'oke'o ka 'ilima.

❽ 'A'ole 'oe hele i ka hālau i kēia pō.

❾ 'A'ole aloha 'o Kalama iā ia.

〔動詞マーカーを使った文〕
❿ 'A'ole au i haku i ka lei po'o.

⓫ 'A'ole 'o ia e kākau ana i ka leka iā Kawehi.

⓬ 'A'ole e kuke ana ka makuahine i ka 'aina ahiahi no kona 'ohana.

〔受け身の文〕
⓭ 'A'ole e hoe 'ia nei ka wa'a.

⓮ 'A'ole mālama maika'i 'ia ka pēpē e kona māmā.

⓯ 'A'ole i hā'awi 'ia ka pū'olo iā lākou.

解答

❶ 彼女の名前はクウレイアロハではありません。 ❷ この美しいレイはロケラニではありません。
❸ 私は黄色のプルメリアを持っていません。 ❹ 彼／彼女はスカートを持っていません。
❺ あの人はプーイリ（フラに使う竹製の道具）を持っていません。 ❻ そこには美しい山はありません。
❼ イリマ（の花）は白ではありません。 ❽ あなたは今夜ハーラウには行きません。 ❾ カラマは彼／彼女を愛していません。
❿ 私はレイポオ（頭につけるレイ）を作りませんでした。 ⓫ 彼／彼女はカヴェヒに手紙を書かないでしょう。
⓬ 母親は彼女の家族のために夕食を作らないでしょう。 ⓭ カヌーは漕がれていません。
⓮ 赤ちゃんは彼／彼女の母親によく面倒を見られていません。 ⓯ 包みは彼／彼女ら（3人以上）に渡されませんでした。

第四章 ◎ 詩を読んでみよう

Oli Kāhea (トラディショナル)

Hālauへの入場許可を請うチャント（詠唱）

伝統的なハーラウ・フラ（フラスクール）では、そのハーラウの生徒であれば、たとえ授業中であっても、1つの条件をクリアすればいつでもハーラウ内に入ることが許されました。その条件が、Oli Kāheaと呼ばれる「ハーラウ入場許可を請うチャント」を詠唱することでした。現在も、このOli Kāheaの詠唱によってハーラウ内への入場を行うハーラウがあります。

Track 64

険しくそびえる（名） 山 〜で（名） 静けさ（強調）
Kūnihi ka mauna i ka laʻi ē

（固） ワイアレアレ山 〜の中で ワイルア
ʻO Waiʻaleʻale lā i Wailua

届く 近く 〜へ（名） 天
Huki aʻela i ka lani

（名） 板 水路 〜の カヴァイキニ山
Ka papa ʻauwai o Kawaikini

妨げる 〜される 近く 〜によって ノウノウ山
Ālai ʻia aʻela e Nounou

隠される イプハア丘
Nalo ka Ipuhaʻa

（名） 広大 〜で 上 〜の カパア（強調）
Ka laulā ma uka o Kapaʻa ē

〜してはならない 拒む 〜を（名） 声
Mai paʻa i ka leo

（不定詞） 〜でない （名） 呼ぶ こちらへ（強調）
He ʻole ka hea mai ē

（名）…名詞マーカー （固）…固有名詞マーカー

Oli Kāheaの起源、ヒイアカにまつわる伝説

ヒイアカは姉ペレ（ハワイ島キーラウエア火山の女神）に、カウアイ島から王子ロヒアウを連れてくるよう命じられます。カウアイ島にたどり着いたヒイアカは、簡単な板の橋が１本架かっているだけの、ワイルア川岸にある険しく狭い道にさしかかります。しかしその橋は、カヒキ（異郷の地）から来たといわれる、水中に住む不機嫌な魔女（水の妖精）ワイルアによって外されてしまいます。ヒイアカは、その橋をもとに戻してくれるよう大声で叫びますが、魔女は、ヒイアカが女神であることを認めず、その叫び声は拒まれてしまいました。そこでヒイアカが力を誇示すると、ワイルアは本来の姿トカゲ(mo'o)に化身し、水底へ戻っていきます。ようやくヒイアカは川に飛び石を置き、川を渡ることが出来たのです。この飛び石は今もワイルア川に残っています。「ワイルア川の険しく狭い道を越えると、その先には広大なカパアの高地が広がっている」とは、すなわち、「険しい道を越えると、道が開ける」という普遍的な意味がこめられています。

静けさの中に険しくそびえる山

ワイルアのワイアレアレ山

天まで届く

カヴァイキニの水路に架かる板

ノウノウ山によって視界がさえぎられ

隠されるイプハア丘

広大なカパアの山側

どうか返事を拒まないで

返答がない完全な静寂

Oli Komo（トラディショナル）

歓待のチャント

Oli Kāheaの返答として、ハーラウ内にいる人が外にいる人を迎え入れるために唱えるのがこのチャントです。単に入場を許可するだけではなく、大切なゲストとして迎え入れ、また、「外界からの新しい知らせをもたらす者を歓迎する」という意味があります。

Track 65

（呼称）呼ぶ 〜を（名） 人 〜する 入る 〜に 中
E hea i ke kanaka e komo ma loko

（動）食事を与える（動）〜まで 満足する 〜によって（名） 口
E hānai ai a hewa e ka waha*

ここにある まさに（名） ほうび 〜の（名） 声
Eia nō ka uku lā o ka leo

そして（不定詞） 声 〜だけ まさに（強調）
A he leo wale nō ē

*"hewa e ka waha"という部分は、"hewa waha"や"hewa ka waha"（「口の中がいっぱいになる」の意）と歌われる場合もあります。本書では、チャンター、カウマカイヴァ氏は**e ka waha**と歌っています。これは、「口によって」という意味になり、その直前のhewaには「不適切な」という意味も含まれるため、「口が不適切なことを発しない」、すなわち、フラの教室に入室して「不適切な言動をしない」という意味を含んでいるといいます。このような違いも、口承伝承による言い回しのバリエーションの1つです。

（名）…名詞マーカー （動）…動詞マーカー

ハワイ語の文語体と口語体

ハワイ語は、大きく「文語体」と「口語体」の2種類に分類することが出来ます。一般に日常会話などで使われる言葉を'Ōlelo Kauhale（口語体）と呼ぶのに対し、チャント（詠唱）などで用いられる言葉は'Ōlelo Ha'ako'iko'i（文語体）と呼び、伝統的・慣習的な話法や巧みな表現などが用いられる格式の高い言葉を指します。解釈には歴史的背景などの知識を要するため、チャントの訳が時に難解と感じられるのはこのためでしょう。

その者を中に招き入れ

食べきれないほどの食事を与えよう

そしてこの声を与えよう

ただ声だけを

Ke Ao Nani (作／Mary Kawena Pūkuʻi)

「美しき地球」という意味のこのチャントは、ハワイ語辞書の編纂を手がけ、また、現在も歌い継がれる曲を多数作ったことで知られるハワイ語の権威、**Mary Kawena Pūkuʻi**(1895 – 1986)によるものです。この楽曲は、子どもたちのために作られた曲ですが、とてもシンプルでわかりやすい表現の中に、私たちが住むこの地球の美しさが描かれています。また、ハワイアンソングやメレの慣習として、付属CDでは各バース(節)を2回ずつ歌っています。

Track 66

[Kāhea] はい 地球 美しい
ʻAe, ke ao nani

〜へ 上
I luna lā*1 i luna

(名)鳥 〜の (名)空
Nā manu o ka lewa

〜へ 下
I lalo lā i lalo

(名)花 〜の (名)地
Nā pua o ka honua

〜へ 山側
I uka lā i uka

(名)育つ 木
Nā ulu*2 lāʻau

〜へ 海側
I kai lā i kai

(名)魚 〜の (名)海
Nā iʻa o ka moana

話す こちらへ (名)反復句
Haʻina mai ka puana

そして (名)美しい (名)この 地球
A he nani ke ao nei

(名)歌 〜のために (名)子ども
[Kāhea] He mele no nā kamaliʻi

*1 歌詞の中に登場するlāは、前の語を強調する場合や、意味のないリフレインとしても使われ、ハワイアンソングやチャントでは頻繁に聞かれる語です。

*2 ulu(育つ)はʻulu(パンノキ)と似ていることから、ハワイをはじめ、ポリネシアの島々では、「子どもが育つ」すなわち「子孫繁栄」という願いを込めてキルトなどのパターンにパンノキがよく選ばれます。

(名)…名詞マーカー

JASRAC 出0909295-901

カーヘアをする意味とは？

歌やチャントの始めに、それぞれの歌い出しの語やフレーズをダンサーがかける掛け声があり、これをカーヘア（kāhea）と呼びます。これは、ミュージシャンやチャンターに対して「次はここを歌います」と知らせる目的の他に、これから踊る曲に対して、自分の心を解き放ち、焦点を定めなおし、そして曲の登場人物となり演じるための心の準備をする leo puana（声明）という意味があります。

はい、美しき地球

上へ、上へ

空の鳥たちよ

下へ、下へ

地に咲く花々よ

山へ、山へ

緑の木立（木の育つところ）よ

海へ、海へ

海の魚たちよ

繰り返し歌います

地球の美しさについて

子どもたちのための歌

語彙索引

本書に登場した単語リスト

*オキナ「ʻ」は子音の1つですが、語頭にオキナの入る語は、オキナの次に来る母音順に配列しています。
*原則として、所有格代名詞、慣用句、人名は掲載していません。

A

a	…まで。(前置詞)　そして。(接続詞)
ʻā	ああ。(感嘆詞)
ʻaʻa	挑戦する。挑む。
ʻaʻala	よい香り。香り。
aʻe	上へ。(方向指示詞)　上の方へ。
ʻae	はい(質問、呼びかけなどの答え)。
aʻela	上へ。近くへ。近くの。
aha	何。(疑問詞)
ahe	(風が)吹く。そよ風。
ahi	火。
ʻahi	【魚】マグロ。
ahiahi	夜。
āhihi	【植】ヌウアヌ(オアフ島)に生育する、繊細で優美な葉を持つレフアの低木。オアフ島固有種のレフア。
ʻāhinahina	灰色の。
ai	動詞マーカー(先行詞との対応を示す語)。
ʻai	食べる。
aia	…にある。…にいる。
ʻailolo	フラの卒業の儀式。(豚の脳みそ(lolo)を食べる(ʻai)ことから)
ʻaina	食事。
ʻāina	土地。
ʻāina hānau	故郷。生まれた場所。
ʻakahi	ついに。かつてなかった。はじめての。
ʻākala	ピンク色。
ʻākau	右。北(ʻĀkau)。
aku	あちらへ。(方向指示詞)
akua	神。
ala	道。起きる。
ʻala	香りのよい。香り。
ʻālaʻapapa	過去(について)を広く公にする。フラの種類の1つ。
alahele	跡。痕跡。進路。道。
alahula	通い慣れたなじみ深い道。
ālai	妨げる。遮る。障害物。
Alakaʻi	アラカイ。(カウアイ島の地名)
alakaʻi	指導者。リーダー。
Ala Moana	アラモアナ。(オアフ島ホノルルの地名。「海路」の意)
ʻalani	オレンジ。オレンジ色。オレンジ色の。
alanui	通り。道。道路。
ʻAlekoki	アレコキ。(オアフ島の地名)
aliʻi	首長。アリイ。
aliʻi nui	大首長。アリイ・ヌイ。
aloha	愛。愛する。こんにちは。さようなら。
ʻamaʻu	【植】シシガシラ科のシダ植物(サドレリア)。ハワイ固有種。
ʻami	フラステップの名。
ʻana	動詞を名詞化する語。
anahulu	10日間。
ʻanakala	おじ。おじさん。
ʻanakē	おば。おばさん。
aneʻi	こちら。ここ。
ʻano	種類。性質。ある程度。やや。多少。
ʻanoʻi	恋しく思う。
anuanu	寒い。
ao	地球。世界。雲。昼光。
aʻo	学ぶ。教える。…の。
aʻo aku	教える。
aʻo mai	学ぶ。
ʻaʻohe	(所有の否定)〔何も〕…ない。
ʻaʻole	(否定)…でない。
au	私。(一人称・単数)
ʻau	泳ぐ。
auana	さまよう。アウアナ。(現代フラ)
auaneʻi	すぐに。まもなく。やがて。
auē	ああ。おや。まあ。おお。(感嘆詞)
auhea	どこ。(疑問詞)　傾聴する。
ʻauwai	小川。水路。
ʻawe	(タコなどの)足。
ʻāwīwī	早く。急いで。

E

e	動詞マーカー。(勧誘や命令を表す／E＋動詞＋anaで未来形を表す)　…によって。(受け身形で行為者を表す)
ē	前の語を強調する語。呼びかけの語。
ea	空気。主権。
ʻehā	4。
ʻehiku	7。
eia	存在を指す語。…が(今ここに)ある／いる。
ʻeiwa	9。
ʻekahi	1(序数詞)。(hoʻokahi参照)
ʻeke	かばん。
ʻekolu	3。
ʻeleu	活発な。元気のある。
ʻelima	5。
ʻelua	2。
ʻeono	6。
ʻEwa	エヴァ。(オアフ島の地名。真珠湾西側の地区)
ʻewalu	8。

H

hā	4。息。
haʻaheo	誇りに思う。誇らしい。
hāʻawi	手渡す。あげる。もらう。
hāʻawi aku	渡す。あげる。
hāʻawi mai	もらう。受け取る。
haʻi	話す。
Haili	ハイリ。(カウアイ島の地名)
haʻina	話すこと。説明。発言。声明。言い習わし。
haku	レイを編む。作曲する。詩などを書く。創作する。所有者。支配者。
halapepe	【植】ドラセナ属のハワイ固有の植物。和名ホソバセンネンボク。
hālau	フラスクール。教室。(もとはカヌーを置く細長い建物を指した)
hālāwai	地平線。ミーティング。
hale	家。建物。
hale ʻaina	レストラン。
Haleakalā	ハレアカラー山。「太陽の家」の意。マウイ島を代表する山)
hale aliʻi	宮殿。
hale ipu kukui	灯台。
hali	運ぶ。
haliʻa	にわかによみがえる(恋人の)記憶。懐かしい思い出。
hāmau	静かにする。黙る。無言の。沈黙。話をしないこと。
hana	…する。作る。仕事。行為。湾。
hānai	育てる。食事を与える。養子にする。養子。(ハワイ伝統の養子の慣習)
hānau	産む。生む。産まれる。生まれる。
hanohano	壮大な。壮麗な。立派な。堂々とした。威厳のある。
hau	冷たい。
hāʻule	落ちる。落下する。落下。
hāʻule iho	落ちる。
haumana	生徒。学生。(単数)
haumāna	生徒。学生。(複数)
haupia	ハウピア。(ココナッツミルクを澱粉で固めた菓子)
Hawaiʻi	ハワイ。ハワイ人。ハワイ島。ハワイの。ハワイ人の。ハワイ語の。
hāwanawana	ささやく。
hea	呼ぶ。叫ぶ。どこ。(疑問詞)
heʻe	【魚】タコ。イカ。滑る。(波に)乗る。
heʻe nalu	サーフィン。サーフィンをする。
heke	最高。最良。最上。最高の。
hela	フラステップの名。
hele	行く。来る。歩く。
hele aʻe	上る。登る。
hele aku	行く。
hele iho	下る。
hele mai	来る。
helu	数。数字。ある1つのテーマについてシリーズ化されたチャント。
heluhelu	読む。
hema	左。南(ʻIlema)。
hewa	満足する。間違い。誤り。
hiamoe	寝る。眠る。
hiki	可能である。…出来る。届く。到着する。
hiku	7。
hilahila	照れ。はにかみ。恥ずかしさ。
Hilo	ヒロ。(ハワイ島の郡庁所在地)
hīmeni	(英語hymnから)歌う。賛美歌。
hinahina	【植】ヒナヒナ。和名サルオガセモドキ。
hiwahiwa	大切な。
hoa	友だち。
hoaaloha	友だち。
hoʻāla	起こす。
hōʻala	香らせる。
hoʻāʻo	試みる。試す。
hoe	漕ぐ。
hoi	興味深い。
hoʻi	帰る。戻る。フラの退場の踊り、チャント。まさに。(強意語)
hoʻi kau	とても。(強意を表す)
hoʻi mai	帰ってくる。
hōʻike	ショー。見せる。
Hoku	満月。
hōkū	星。
holo	走る。乗る。行く。
holoholo	散歩をする。ぶらぶらする。
holoi	洗う。
holokū	ホロクー。(トレーンの長いドレス)
holo lio	乗馬。乗馬をする。
home	家。家庭。
hono	湾。
Honolulu	ホノルル。(オアフ島にあるハワイ州の州都。オアフ島の郡庁所在地)
honua	地球。世界。
hoʻo-	使役接頭辞。(単独では用いられず、常に単語の前について、動詞を使役動詞に、名詞を動詞に変化させる)
hoʻoheno	大事にする。大切にする。愛する。愛情のこもった。
hoʻohihi	思いを寄せる。
hoʻokahi	1。(基数詞) 1つの。(ʻekahi参照)
hoʻokani	演奏する。鳴らす。楽器を弾く。
hoʻokipa	歓待する。歓迎する。温かくもてなす。
hoʻokuʻi	天頂。
hoʻokūkū	コンペティション。競技会。
hoʻolohe	聞く。
hoʻomaʻamaʻa	練習をする。練習。

語彙索引

hoʻomākaukau	準備をする。用意をする。
hoʻomāuna	無駄にする。浪費する。
hoʻonani	着飾る。美しくする。美化する。
hoʻopaʻa	記憶する。堅固にする。イプヘケやパフドラムの鼓手。チャンター。
hoʻopono	正す。
hoʻoponopono	ホオポノポノ（精神の浄化を行うハワイの慣習）。整える。正す。解決する。
hoʻoulu	育つ。芽を出す。繁殖させる。広める。
hope	後ろ。
hou	再び。もう一度。新しい。
huʻelepo	フラの卒業の儀式。（「ほこり（lepo）を巻き上げる（huʻe）」という意味で、儀式が屋外で行われたことから）
hui	会う。グループ。団体。歌のコーラス。
huki	引く。引っ張る。
hula	踊る。フラ。踊り。
huli	振り返る。向く。振り向く。探す。回転させる

I

i	…を。…で。…に。…へ。（前置詞）動詞マーカー。（過去形）
iā	…を。…で。…に。…へ。（前置詞。人称代名詞・固有名詞につく）
ʻia	動詞マーカー。（他動詞を受け身形にする）
iʻa	魚。
iā ia	彼／彼女に・を・へ。（前置詞。iā ʻoiaの略）
Iāpana	日本。
iaʻu	私に・を・へ。（前置詞。iā auの略）
ʻieʻie	【植】ハワイ固有のタコノキ科に属する灌木。
iho	下へ。（方向指示詞）
ihu	鼻。
ʻiʻini	願望。切望。欲望。
ikaika	強い。強さ。
ʻike	見る。知る。視界。
iki	小さい。少し。少ない。
ʻiliahi	【植】イリアヒ。白檀（サンダルウッド）。
ʻilima	【植】イリマ。（オレンジ色の花の名。オアフ島のレイ）
imu	イム。（地中に掘ったオーブン）
inoa	名前。
inu	飲む。飲むこと。
ʻiʻo	とても。（強意語）
ipo	恋人。
Ipuhaʻa	イプハア丘。（カウアイ島の地名）
iwa	9。

K

ka	定冠詞。（単数名詞。k, e, a, o以外で始まる語につく）
kaʻa	車。乗り物。転がる。
Kaʻala	カアラ山。（オアフ島を代表する山）
kahakai	海辺。
kahawai	小川。
kāhea	呼ぶ。叫ぶ。ハーラウへの入場許可を請うチャント。
kahi	1。1つの。ある。
Kahiki	タヒチ。異境の地。
Kahikina	東。
kahiko	古い。老いた。古典の。カヒコ。（古典フラ）
kāhiko	飾る。着飾る。
kāholo	フラステップの名。
Kahoʻolawe	カホオラヴェ島。
kahua	場所。敷地。用地。地盤。
kahua mokulele	空港。
kai	海。海側。
kaʻi	導く。フラの入場の踊り、チャント。
kaikamahine	女の子。娘。（単数）
kaikamāhine	女の子。娘。（複数）
kakahiaka	朝。
kākau	書く。書くこと。
kākou	私たち。（一人称・包括形・3人以上）
kala	許す。【魚】クロハギ。
Kalākaua	フラステップの名。
kala mai	すみません。ごめんなさい。（"E kala mai."の形で使われる）
kali	待つ。
kalo	【植】タロ芋。
kamaʻāina	地元民。ローカル。親しみがある。（来訪者malihiniの対語）
Kamakou	カマコウ山。（モロカイ島を代表する山）
kamaliʻi	子ども。子どもの。
kanaka	人。（単数）
kānaka	人々。（複数）。
Kanaloa	カナロア。ハワイ四大神。海の神。
kāne	男。夫。
Kāne	ハワイ四大神。創造の神。
kani	鳴る。音。
kanu	植える。埋める。
kaʻō	フラステップの名。
Kapaʻa	カパア。（カウアイ島の地名）
kapu	タブー。神聖な。禁じられた。
kau	置く。置かれる。
kāua	私たち。（一人称・包括形・2人）
Kauaʻi	カウアイ島。
kaulana	有名な。著名な。
Kaunakakai	カウナカカイ。（モロカイ島の都市）
kaunaʻoa	【植】カウナオア。（ハワイ固有種のネナシカズラ属の寄生植物。ラナイ島のレイ）
Kawaihae	カヴァイハエ。（ハワイ島の地名）
Kawaikini	カヴァイキニ山。（カウアイ島を代表する山）
kāwelu	フラステップの名。【植】カーヴェル。（オア

語彙索引

ke	フ島ヌウアヌ渓谷に群生する草の名）定冠詞。(単数名詞)。k, e, a, oで始まる語につく） 動詞マーカー。(Ke + 動詞 + nei で現在進行形を表す）
Keawa Iki	ケアヴァイキ。(モロカイ島の地名)
kēia	これ。この。(指示代名詞)
keiki	子ども。子どもの。
keiki kāne	男の子。息子。
kekahi	ある。1つの。
kēlā	あれ。あの。(指示代名詞)
kena	喉の渇きを癒す。
kēnā	それ。その。(指示代名詞)
keʻokeʻo	白い。白色の。
kiʻekiʻe	高い。高さ。高く。
kiʻi	追いかける。写真。像。絵。
kiʻi wāwae	フラステップの名。
kīkā	ギター。
kīkala	腰。臀部。
kīkī	噴き出す。
kila	強い。高い所。高い地位。
kilakila	威厳のある。堂々とした。雄大な。
Kīlauea	キーラウエア。(ハワイ島の地名。火山の名)
kiliʻopu	楽しみ。満足した。愛の営み。
kino	体。
Kīpū	キープー。(カウアイ島の地名。「抑える」の意)
Kohala	コハラ。(ハワイ島の地名)
kōkua	手伝う。助ける。
kolu	3。
komo	入る。
komo mai	入ってくる。
Komohana	西。
Kona	コナ。(ハワイ島、カウアイ島、モロカイ島、ニイハウ島、オアフ島にある地名) 風下側。リーワード。
koni	切望する。どきどきする。
Koʻolau	コオラウ。(オアフ島の山脈の名) 風上側。ウィンドワード。
kū	立つ。止まる。停止する。
Kū	クー。ハワイ四大神。森の神。
kuahiwi	山。
kuahu	祭壇。
kūʻai	売る。買う。
kūʻai aku	売る。
kūʻai mai	買う。
kuhi	指し示す。身振りで表す。(特にフラで使われる語)
kuhina	大臣。
kuhina nui	首相。
kui	(レイなどを）貫いてつなげる。(花などを) 糸に通す。
kuʻi	結合する。フラステップの名。クイ。(フラの種類)
kūkā	話し合う。
kuke	料理する。調理する。
kūkū (tūtū)	おばあちゃん。おじいちゃん。(年配の人に対する親しみを持った呼び方)
kukui	【植】ククイ（キャンドルナッツ）。ククイの実。(ハワイ州の州木。モロカイ島のレイ)
kula	学校。高台。高地。
kula nui	大学。
kumu	先生。基礎。基盤。理由。木の幹。
kūnihi	そびえる。
kupu	芽吹く。
kupu aʻe	芽生える。
kupuna	祖父母。老人。年長者。先祖。(単数)
kūpuna	祖父母。老人。年長者。先祖。(複数)
kupuna kāne	祖父。
kupuna wahine	祖母

L

lā	日。太陽。まさに。(強意語) ラララ。(歌のリフレイン)
lāʻau	木。
lae	額（ひたい）。
lā hiki	日の出。
lāhui	国民。民族。
laʻi	穏やかな。静かな。穏やかさ。静けさ。
laila	そこ。(知った場所。ʻō参照)
laʻilaʻi	澄んだ。穏やかな。
lā kau	日の入り。
lākou	彼／彼女たち。(3人以上・複数)
lalo	下。
lānai	ベランダ。バルコニー。
Lānaʻi	ラナイ島。
Lānaʻi City	ラナイシティ。(ラナイ島を代表する都市)
Lānaʻi Hale	ラナイハレ山。(ラナイ島を代表する山)
lani	空。天。天国。
lau	たくさんの。葉。
lāua	彼／彼女たち。(三人称・2人)
lauaʻe	【植】ラウアエ。(シダの一種)
laulā	広大な。
laulau	ラウラウ。タロ芋の葉で肉や魚を包んで蒸したハワイの伝統料理。
lauoho	髪。
Laupāhoehoe	ラウパーホエホエ。(ハワイ島の地名)
lawa	充分な。
Lāwaʻi	ラーヴァイ。(カウアイ島の地名)
lawe	運ぶ。持ってくる。持っていく。
lawe aku	持っていく。
lawe mai	持ってくる。
leʻa	楽しい。楽しみ。
leʻaleʻa	楽しい。楽しい時を過ごす。
lehua	【植】レフア。(赤い針状の花を持つハワイ

語彙索引

	固有種。ハワイ島のレイ。'ōhi'a参照)	makani	風。
lehulehu	人々。たくさんの。	mākaukau	用意が出来た。準備が出来た。
lei	レイ。ネックレス。	make	死ぬ。
leka	手紙。	makemake	好む。欲する。…したい。好きな。欲求。
lele	跳ぶ。飛ぶ。	mākou	私たち(一人称・除外形・3人以上)。
lele iho	降下する。	makua	親。(単数)
leo	声。	mākua	親。(複数)
leo nui	大声で話す。大声。	makuahine	母。
lewa	空。天空。	makuakāne	父。
lihi	境界。端。ふち。少し。	malama	月。
Līhu'e	リフエ。(カウアイ島の郡庁所在地)	mālama	世話をする。大切にする。気をつける。慈しむ。開催する。
li'ili'i	小さい。		
like	…と似た。…のように。("e like me…"の形で使われる)	mālamalama	明るい。明るさ。光。知識の光。
		malihini	来訪者。(地元民kama'āinaの対語)
liko	つぼみ。	maliu	傾聴する。注意を払う。気にかける。
lili'u	目がひりひりする。ひりひりする目の痛み。	māluhiluhi	疲れた。疲労した。
lilo	…になる。なくなる。…のものになる。	mālie	穏やかな。穏やかに。静かな。静かに。
lima	5。手。	māmā	ママ。
loa	長い。とても。たくさん。(強意語)	mamo	【鳥】和名クロハワイミツスイ。(ハワイ固有種)子ども。子孫。末裔。
loa'a	得る。得られる。		
lohe	聞こえる。	mana'o	思う。考える。思い。
lokelani	【植】小粒のピンクのバラ。(マウイ島のレイ)	manu	鳥。
		mā'oki'oki	縞入りの。切り刻まれた。多色の光線で彩られた。
loko	中。		
lokomaika'i	親切。親切な。優しい。寛大な。	maoli	まさに。(強意語) 先住の。原産の。本物の。本当の。真の。
lole	服。衣類。		
lolo	脳。脳みそ。	maoli nō	とても。(強意を表す)
lōlō	愚かな。	maopopo	理解される。理解する。わかる。
Lono	ハワイ四大神。肥沃の神。	mau	永遠の。いつもの。続く。
lua	2。大きな穴。	māua	私たち。(一人称・除外形・2人)
lulu	穏やかな。平和な。守られた。	Maui	マウイ島。
lumi	部屋。	mauna	山。
luna	上。	Mauna Kea	マウナケア山。(ハワイ島を代表する山。「白い山」の意)

M

		me	…と。…とともに。(前置詞)
ma	…で。…にて。(前置詞)	mea	もの。こと。人。
ma'a	慣れる。慣れた。	mea'ai	食べ物。
mae	(花が)しぼむ。しぼんだ。	me a'u	私と。(前置詞。"me au"の語形変化)
mahalo	ありがとう。感謝する。感謝。	mehameha	孤独な。悲しい。孤独。悲しみ。
mahina	月。	meheu	足あと。
mai	…から。(前置詞) こちらへ。(方向指示詞)動詞マーカー。(禁止を表す)	me ia	彼／彼女と。(前置詞。me 'o iaの略)
		mele	歌。歌詞。詩。チャント。
ma'i	病気の。病気。	melemele	黄色。黄色い。黄色の。
maiā	…から。(前置詞。人称代名詞・固有名詞が後に続く場合)	mikimiki	急ぐ。速い。速く。急いで。
		mili	なでる。愛情を込めて触れる。かわいがる。
mai … mai	…からこちらへ。	milia	なでられる。(miliの受け身形)
maika'i	よい。元気な。素晴らしい。	moana	海。海洋。大洋。
maile	【植】マイレ。(ハワイ固有種の灌木)	moani	香りを伴う優しい風。
maka	目。顔。	mōhala	咲く。
makahiamoe	眠い。	mō'ī	王。統治者。君主。王族。
makahiki	年。歳。	mō'ī wahine	女王
makana	プレゼント。贈り物。	mokihana	【植】モキハナ。(カウアイ島のみに群生す

	るハワイ固有種で、実は黄緑色。カウアイ島のレイ)
moku	島。船。
mokulele	飛行機。
mokupuni	島。
Moloka'i	モロカイ島。
momi	真珠。
mo'opuna	孫。子孫。後世。
mua	前。
mūmū	無言の。
mu'umu'u	ムウムウ。ドレス

N

na	…にとって。…によって。(前置詞)
nā	定冠詞。(複数形)
nahele	森林。
nāhelehele	雑草。
nalo	失われた。なくなった。消える。隠される。
nānā	よく見る。じっと見る。観察する。
nanea	楽しい。
nani	美しい。可愛い。きれいな。美。美しさ。
napenape	揺れる。
nei	これ。ここ。
newa	羅針。こん棒。
Ni'ihau	ニイハウ島。
no	…のために。…のための。…にとって。…から(出身)。(前置詞)
nō	とても。すごく。本当に。(強意語)
noe	霧。
noho	椅子。座る。住む。
nohona	(nohoの名詞形)住むこと。生活。暮らし。
noho paipai	ロッキングチェアー。
none	からかう。いらいらさせる。遅い。退屈な。
nou	あなたのために。あなたのための。
Nounou	カウアイ島の地名。(英語名Sleeping Giant)
nūhou	ニュース。
nui	大きい。たくさん。とても。(強意語) 偉大な人(大王)。
nui loa	本当に。とても。(強意を表す)
Nu'uanu	ヌウアヌ。(オアフ島の地名。渓谷。ヌウアヌ・パリとして風の強さで知られる)

O

o	…の。(前置詞)
'o	冠詞。(固有名詞・主格)
'ō	あちら。あそこ。そこ。(見える場所。laila参照) フラステップの名(ka'ō)。
O'ahu	オアフ島。(ハワイ州の州都ホノルルがある)
'oe	あなた。(二人称・単数)
'ohana	家族。
'ohi	摘む。
'ōhi'a	【植】オヒア。(レフアの木。レフアは花を指し、オヒアは木を指す)
'ohu	霧。レイで装飾をすること。
'oi	最高の。最上の。最良の。鋭い。先のとがった。
'o ia	彼。彼女。それ。(三人称・単数)
oia'i'o	真実。
ola	生命。健康。生きること。生きる。暮らす。
ōlapa	【植】ハワイ固有種のウコギ科の木。(雷が)ぴかっと光る。ダンサー。
'ole	…でない。(部分否定) 0(ゼロ)
ōlelo	言語。ことば。話す。
ōlelo Hawai'i	ハワイ語。
oli	詠唱。チャント。チャントをすること。
'olua	あなたたち。(二人称・2人)
'olu'olu	優しい。心地よい。どうぞ。どうか。
ōma'oma'o	緑。緑色の。
onaona	甘く優しい香り。優しく香る。香りのよい。
'ona'ona	目がくらんだ。ふらふらした。酔った。
one	砂。土地(詩的)。
one hānau	故郷。生まれた場所。
ōniu	フラステップの名。
ono	6。【魚】サワラ。
'ono	おいしい。
'ō'ō	【鳥】和名ミネフサハワイミツスイ。(黒い羽の下に黄色の羽を持つ、1934年に絶滅したハワイ固有種)
ōpua	入道雲。
'oukou	あなたたち。(二人称・3人以上)

P

pa'a	堅い。確かな。頑丈な。完成した。拒む。記憶された。
pa'akikī	難しい。
pā'ani	遊ぶ。遊び。
paha	多分。おそらく。即興で行うチャント、またはkepakepaなど会話体のチャント。
pahu	パフドラム。パフ。(フラの種類)
pākaukau	机。テーブル。
palapalai	【植】ハワイ原産のミクロレピア属のシダ。
pali	崖。断崖。絶壁。
pālule	シャツ。ブラウス。
pālule aloha	アロハシャツ。
pane	答える。応える。応答する。答え。返答。
Pānī'au	パーニーアウ山。(ニイハウ島を代表する山)
Paoakalani	オアフ島の通りの名。(リリウオカラニ女王の邸宅にちなみ、名づけられた)
papa	板。平地。教室。クラス。
pāpale	帽子。
pau	終わった。完了した。終わり。

pāʻū	スカート。	uʻi	美しい。(人が若くて)美しい様子。
pāweo	そっぽを向く。	uka	上。山側。
pehea	どうして。どのように。どのくらい。(疑問詞)	ʻukana	かばん。手荷物。
		uku	ほうび。恩恵。
pēpē	赤ん坊。	ʻukulele	ウクレレ。(「跳ぶノミ」の意。ウクレレを弾く手の動きから。ポルトガルより伝来)
pia	葛。ビール。		
piʻi	登る。上がる。上昇する。	ʻulaʻula	赤。赤い。赤色の。
pīkake	【植】ピーカケ。アラビアジャスミン。茉莉花。【鳥】孔雀。(カイウラニ王女がジャスミンと孔雀を愛したことから、英語名peacockにちなみ、孔雀はmanu pīkakeと名づけられた)	uliuli	濃い青色。
		ʻulīʻulī	フラに使われる道具。(laʻamiaの実の中にaliʻipoeの種を入れ、上部に羽根で飾りをつけたもの)
		ulu	育つ。
		ʻulu	【植】パンノキ。
piko	へそ。中心。	ulu aʻe	育つ。
pila	弦楽器。(バイオリンviolinから)	ʻumi	10。
pilikia	問題。困難。困ったこと。悩みの種。	ʻūniki	フラの卒業式。
piliwi	信じる。(英語のbelieveから)		**W**
pipi	ハワイの真珠貝。牛。	waʻa	カヌー。
pipī	キラキラと輝く。	waena	間。中。
pō	夜。	waha	口。
poʻe	人々。	wahine	女性。妻。(単数形)
poi	ポイ。蒸したタロ芋をペースト状にしたハワイ人の主食。	wāhine	女性。妻。(複数形)
		waho	外。
poina	忘れる。忘れた。	wai	誰。(疑問詞) 水。池。水たまり。
poke	ポケ。サイコロ状に切った刺し身を醤油や塩などで和えたもの。	Waiʻaleʻale	ワイアレアレ山。(カウアイ島)
		waiho	残す。置く。…そのままにしておく。
pōloli	お腹がすいた。空腹の。	Wailua	ワイルア。(カウアイ島の地名)
poni	紫。紫色の。	Wailuku	ワイルク。(マウイ島の地名。郡庁所在地)
pono	正しい。公正な。正義。正しさ。	Waimea	ワイメア。(ハワイ島の地名)
ponoʻī	自己。自分。個人の。民。	Waipiʻo	ワイピオ。(ハワイ島の地名)
poʻo	頭。頭部。	waiwai	豊かな。裕福な。価値のある。
pū	ほら貝。…も。	wale	とても。すごく。本当に。(強意語) …だけ。
pua	花。子ども。(詩的)	walu	8。
pua melia	【植】プルメリア。	wau	私(一人称・単数)。
puana	発音。発音をする。歌の概要を述べるリフレイン。	wāwae	脚。足。
		wehewehe	調べる。説明する。
puʻe	丘。	wiki	急ぐ。速い。速く。急いで。
puʻe one	砂丘。砂州。	wikiwiki	急ぐ。速い。速く。急いで。
pūʻili	フラの道具。(竹に切り込みを入れたもの)	wili	巻きつける。絡ませる。
puke	本。	wilia	巻きつけられる。(wiliの受け身形)
pūlama	大切にする。世話をする。		
pule	祈る。祈り。		
Punaluʻu	プナルウ。(オアフ島の地名)		
pūʻolo	包み。ティーリーフで包んだ包み。		
pūpū	貝殻。ニイハウ島の(貝殻の)レイ。		
Puʻuanahulu	プウアナフル。(ハワイ島の地名)		
puʻuwai	心。心臓。 プウヴァイ。(Puʻuwai:ニイハウ島の都市名)		

U

ua	雨。動詞マーカー。(Ua+動詞で過去形を表す)
ʻuehe	フラステップの名。

引用した曲名リスト

曲名	作詞・作曲者
'Ā 'Oia	John Kameaaloha Almeida
'Alekoki	King Kalākaua & Lunalilo, Lizzie Alohikea
'Ālika	Charles Ka'apa
Aloha Kaua'i	Mā'iki Aiu Lake
Aloha 'Oe	Queen Liliu'okalani
E Huli Mākou	David Chung
Hanohano Ka Lei Pīkake	Puakea Nogelmeier, Paleka Mattos
Hawai'i Aloha	Reverend Lorenzo Lyons, James McGranahan
He Aloha Nō 'O Honolulu	Lot Kauwē
He Hawai'i Au	Peter Moon, Ron Rosha, Alice Nāmakelua
He U'i	Danny Kua'ana
Heha Waipi'o	Sam Li'a Kalāinaina
I Kona	George Kelepolo
Ka 'Ano'i	Kamealoha
Ka Lehua I Milia	Mary Kawena Pūku'i, Madeline K.Lam
Kauanoeanuhea	Keali'i Reichel
Kaulana Kawaihae	Ka'ilihune 'Alama Nā'ai
Kawaipunahele	Keali'i Reichel
Ke Aloha	Lei Collins, Madeline K. Lam
Ke Anu O Waimea	Kuana Torres
Kīpū Kai	Mary Kawena Pūku'i, Madeline K. Lam
Kona Kai 'Ōpua	Henry Waiau
Ku'u Ipo I Ka He'e Pu'e One	Princess Miriam Likelike
Ku'u Pua Mae 'Ole	Keali'i Reichel
Maika'i Ka Makani O Kohala	William Sheldon, David Nape
Moanike'ala	Prince William Pitt Leleiōhoku
Pauoa Liko Ka Lehua	Emma Bush
Poli'ahu	Frank K. Hewett
Pua 'Āhihi	Mary Kawena Pūku'i, Madeline K. Lam
Pua 'Iliahi	Bill Ali'iloa Lincoln
Pua Līlīlehua	Mary Kawena Pūku'i, Kahauanu Lake
Sanoe	Queen Liliu'okalani
Ua Nani 'O Nu'uanu	作者不詳
Waikaloa	John P. Watkins

参考文献

"DICTIONARY of the Maori LANGUAGE" Williams, H. M. Wellington, GP Print Limited, 1992. New Zealand.
"Hawaiian Dictionary" Pūku'i, Mary Kawena, and Samuel H. Elbert. University of Hawai'i Press, 1986. Honolulu.
"Hawaiian Grammar" Pūku'i, Mary Kawena, and Samuel H. Elbert. The University of Hawai'i Press, 1979. Honolulu.
"Hawaiian Music and Musicians" Kanahele, George S. (Ed.). The University of Hawai'i Press, 1979. Honolulu.
"HAWAIIAN MYTHOLOGY" Beckwith, Martha. University of Hawai'i Press, 1970.Honolulu.
"He Mele Aloha" Wilcox, C., Husey, K., Hollinger, V., & Nogelmeier, P. 'Oli'oli Productions, L. C. C., 2003. Honolulu.
"HULA: HISTORICAL PERSPECTIVES" Pacific Anthropological Records Number 30" Barrère, D. B., Pūku'i, M. K., & Kelly, M. Bernice Pauahi Bishop Museum, 1980. Honolulu.
"Nā Mele Hula: A Collection of Hawaiian Hula Chants (Vol. 1)" Beamer, Nona. The Institute for Polynesian Studies, 2001 (4th printing). Lā'ie.
"Nā Mele Hula: A Collection of Hawaiian Hula Chants (Vol. 2)" Beamer, Nona. The Institute for Polynesian Studies, 2001. Lā'ie.
"Nā Mele o Hawai'i Nei: 101 Hawaiian Songs" Elbert, Samuel H., and Noelani Mahoe. University of Hawai'i Press, 1970. Honolulu.
"'Ōlelo No'eau: Hawaiian Proverbs and Poetical Sayings" Pūku'i, Mary Kawena. Bernice P. Bishop Museum Special Publication 71. Bishop Museum Press, 1983. Honolulu.
"Place Names Of Hawai'i" Pūku'i, Mary Kawena, Samuel H. Elbert, and Esther T. Mookini. The University of Hawai'i Press, 1974. Honolulu.
"SACRED HULA: The Historical Hula 'Āla'apapa" Stillman, Amy Ku'uleialoha. Bishop Museum Bulletin in Anthropology 8. Bishop Museum Press, 1998. Honolulu.
"The Polynesian Family system in Ka'ū, Hawai'i" Handy, E. S. Craighill, and Mary Kawena Pūku'i. Mutual Publishing, 1998. Honolulu.
"THE ROYAL LINEAGES OF HAWAI'I" Spoehr, Anne H. Bishop Museum Special Publication 84. Bishop Museum Press, 1989. Honolulu.
"Unwritten Literature of Hawai'i" Emerson, Nathaniel B. Mutual Publishing, LLC, 1998. Honolulu.
『ハワイ語入門』 庄治香久子、エミリー・A・ホーキンス著　泰流社　(1990)
『ハワイ語のすべて：All About Hawaiian』アルバート・J・シーツ著、庄治香久子訳　ISLAND HERITAGE PUBLISHING（2002）

Nā Mahalo
著者あとがき

私が校閲を担当した『いっそイラストハワイ単語帳』の発売から3年以上が経ち、日本におけるフラ人口も益々増加の一途をたどっているようです。ハワイ語講師の活動を通じ、生徒さんたちのハワイ文化に対する関心の深さも実感し、「ハワイをもっと知りたい人のためのハワイ語教本を創りたい！」との思いから、この本の企画が始まりました。

ハワイ人は、彼らを取り巻く環境が時代とともに変化をしても、常に自分たちのルーツを探求することによって、アイデンティティを守り続けているのではないでしょうか。そんなアイデンティティのひとつであるハワイ語。先祖から受け継がれた彼らの大切な財産であるハワイ語に敬意を表し、それを皆さんに正確に伝えていくことが私のひとつのkuleana(課題)だと感じています。

卒業後年月が経った今も、私の疑問・質問にいつも快く答えてくださるハワイ大学の恩師、Kumu Puakea Nogelmeier。ハワイ語を学んだ大先輩でもあるKeonaona 庄治香久子先生。フラを通じ、ハワイ文化を学び続けることの大切さを教えてくださったKumu Sonny ChingとLopaka Igarta-De Vera。ハーラウという大きな'ohana(家族)の中で、ともに成長し、助け合う大切さをいつも気付かせてくれるHālau Nā Mamo O Puʻuanahuluの Hula SistersやHula Brothersのみんな。本書の趣旨に賛同し、"生きたハワイ語"と素晴らしいチャントをシェアしてくださったKaumakaiwa Kanakaʻole氏。山ほどあった"載せたいこと"を可能な限り採用し、素敵で見やすいデザインにしてくださった益子俊章さんと佐藤夏子さん。かわいいイラストで花を添えてくださった園田レナさん。この場を借りて、この本に関わったすべての皆さんにお礼を申し上げます。
Palena ʻole kuʻu mahalo iā ʻoukou pākahi a pau.
そして何より、私をこの道へと導いてくれた両親に心から感謝の意を伝えたいと思います。

この本を通じ、ハワイ文化としてのハワイ語をより身近に感じていただけることを願っています。

'O wau iho nō me ke aloha,
Moanikeʻala 木村由香

カウマカイヴァ・カナカオレ氏からのメッセージ

Track 67

No laila hoʻi kākou, e nā makamaka ʻōlelo Hawaiʻi.
Eia hoʻi ka palena pau o ko kākou haʻawina ʻōlelo Hawaiʻi.
I ola hoʻi ka Hāloa.
I ola ka ʻōlelo makuahine.
Hoʻomau, kū ʻoʻoleʻa ʻoukou ma ka hoʻomōhala ʻana
i ka ʻike o koʻu wahi kupuna.
ʻO ka ʻōlelo Hawaiʻi kuʻu kilohana.
Aloha kākou!

ハワイ語を学ぶ皆さん、これでレッスンは終了です。
私たちの母なる言葉、ハワイ語が世代や国境を越えて伝えられ、そして永続されるよう、
ハワイ語の学習を続けてください。
皆さんは今、しっかりと地に足をつけ、
私たちがクプナ（祖先）から継承した知識をより深めようとしています。
私にとってハワイ語とは、祖先から受け継いだ大切な贈り物です。
では、読者の皆さん、アロハ！

（日本語訳：著者）

Kaumakaiwa Kanakaʻole

木村由香
Moanikeʻala Yuka Kimura

http://www.papaolelohawaii.com

ハワイ語講師、翻訳、英語通訳。カピオラニコミュニティカレッジ、ハワイ大学ハワイ・インド太平洋言語文学部ハワイ語学科卒業。ハワイ大学にてハワイ語、タヒチ語、ハワイ音楽文化などを学んだ後、同大学院言語学部にて修士号を取得。ハワイではフラショーなどの司会通訳としても活動し、ハーラウにてフラやチャントを修得する。帰国後はサイマルアカデミーにて通訳のスキルを学ぶ。現在は関西を中心にハワイ語講師として活動する傍ら、ハワイ語監修、イベント司会通訳、フラ・ワークショップのマネジメントなどを行う。

カウマカイヴァ・カナカオレ
Kaumakaiwa Kanakaʻole

ハワイ島ヒロ出身。チャンター、フラダンサー、ミュージシャン。ハワイの伝統文化を継承するカナカオレ・ファミリーの一員で、ハワイの伝統的慣習ハーナイ（養子）により、祖母のもとでハワイ文化継承の担い手としてハワイ語を話す環境で育つ。火の女神ペレに捧げる踊りを継承するHālau O Kekuhiのダンサーとして7歳からフラを始める。2003年のデビュー以来3枚のCDをリリースし、ナー・ホークーハノハノ・アワードの作詞作曲家賞、ハワイ語パフォーマンス賞、最優秀アルバム賞など数々の賞を受賞。

はじめてのハワイ語
WIKIWIKI Hawaiian Language Guide Book

2009年 9月30日　初版第1刷発行
2024年10月30日　初版第8刷発行

著者	木村由香
ナレーター	カウマカイヴァ・カナカオレ
発行者	石川　和男
発行所	株式会社　小学館
	〒101-8001　東京都千代田区一ツ橋2-3-1
	編集　Tel.03-3230-5170
	販売　Tel.03-5281-3555
印刷所	TOPPAN株式会社
製本所	株式会社　若林製本工場
	編集　香藤裕紀
	制作　島田浩志
	制作企画　苅谷直子
	資材　池田靖
	販売　前原富士夫
	宣伝　宮村政伸

©Yuka Kimura 2009
Printed in Japan
ISBN978-4-09-506613-4

造本には十分注意しておりますが、印刷、製本など製造上の不備がございましたら下記にご連絡ください。
「制作局コールセンター」（フリーダイヤル0120-336-340）電話受付は、土・日・祝休日を除く 9:30〜17:30
本書の無断での複写（コピー）、上演、放送等の二次利用、翻案等は、著作権法上の例外を除き禁じられています。
本書の電子データ化などの無断複製は著作権法上の例外を除き禁じられています。
代行業者等の第三者による本書の電子的複製も認められておりません。
※付属CDの営利目的での利用は禁止。